中國學術思想研究輯刊

初　編

林　慶　彰　主編

第25冊

東漢經術與士風

翁　麗　雪　著

花木蘭文化出版社

國家圖書館出版品預行編目資料

東漢經術與士風／翁麗雪 著 — 初版 — 台北縣永和市：花木蘭文化出版社，2008〔民97〕

序2+目2+164面；19×26公分

（中國學術思想研究輯刊 初編：第25冊）

ISBN：978-986-6657-97-9（精裝）

1. 經學　2. 學術思想　3. 東漢史

090.922　　　　　　　　　　　　　　　97016377

ISBN - 978-986-6657-97-9

9 789866 657979

中國學術思想研究輯刊

初　編　第二五冊　　　　　　ISBN：978-986-6657-97-9

東漢經術與士風

作　　者　翁麗雪

主　　編　林慶彰

總 編 輯　杜潔祥

出　　版　花木蘭文化出版社

發 行 所　花木蘭文化出版社

發 行 人　高小娟

聯絡地址　台北縣永和市中正路五九五號七樓之三

　　　　　電話：02-2923-1455／傳眞：02-2923-1452

網　　址　http://www.huamulan.tw　信箱　sut81518@ms59.hinet.net

印　　刷　普羅文化出版廣告事業

封面設計　劉開工作室

初　　版　2008年9月

定　　價　初編28冊（精裝）新台幣 46,000 元

東漢經術與士風

翁麗雪　著

作者簡介

翁麗雪，台灣台中人，國立台灣師範大學國文研究所畢業，現任國立嘉義大學副教授。著有《東漢經術與士風》（碩士論文）、《東漢經學之政治致用論》（獲國科會研究獎勵）專書，以及〈群經用鴈考〉、〈群經中魚文化的物質應用考〉、〈東漢刑法與復仇〉、〈東漢盜賊事略〉有關經學思想研究之論著，其他發表論文如〈古俠考略〉、〈魏晉小說俠義精神考略〉、〈唐代的劍俠〉、〈當莊子寓言變成了四格漫畫〉、〈大學文選〉（合著）等多篇著作。

提　　要

　　東漢經術承先啟後，承西漢罷黜百家、獨尊儒術之局，奠立其後二千年儒家道統根深之基礎。而其士風，睥睨古今，風俗淳美。經學之興蔚，士風之儒化，二者聲息交會，並轡而馳，造成士人執道守節、志行高尚之情操。本篇分從經學遞嬗之宏觀透視，與士人面貌之微觀剖析，藉以呈現東漢一代士人獨特之思想樣貌。

序 言

　　夫一國之本，在其文化學術，文化學術之本，在其士人之風尚，而一國士氣之興衰、民心之向背、風氣之良窳，皆繫乎此矣。重學術，尊士人，向爲我民族傳統之特色。東漢自君主提倡經術，表彰氣節以來，士人自尊、自愛、自重之風氣於焉形成。其所舉士，自公卿大夫，下及郡縣之吏，咸選用經明行修之人，一則治經以致其用，一則修德以立其名，是以教立於上，俗成於下，士人彌相慕襲，而節義之風盛焉。於此傳統下，即爲盜賊，亦知尊禮賢儒，敬重學術，有如黃巾不犯鄭玄之鄉，同時學者如袁閎、包咸、荀恁、韓韶、陳眾、姜詩等，皆能使賊服其德名，而不敢有所凌犯。千百年之下，想見其情狀，猶不免惓惓嚮往，而其時士人之修德立名，致使賊曹欽服若是，非經術之涵養浸潤，曷可致此？余讀《後漢書》，竊怪士人之重仁義、貴守節，即黨錮諸君子，其忠貞義烈，不以危亡阻其志，不以禍福易其心，觸冒斧鉞，僵仆於前，忠義奮發，繼起於後，隨踵就戮，視死如歸，其殉一己以全其德，雖其人僅踐一小節而死，此種節操，所以酬國家文化之恩澤，而無愧於讀聖賢書，所學何事之問。既而知經術之化民，民尚德教，而自成風氣也。故其士風優美，民俗淳厚，宜乎顧炎武所謂「三代以下，風俗之美，無尚於東京者」也。余既感斯意，乃不揣譾陋，撰成斯篇，考察東漢經術遞嬗之迹象，士風實質之照察，及二者會通之歸趣也。

　　茲編之作，分上下二編，上編「東漢經術」；第一、二章，係討論東漢經術之流變。蓋自光武帝，及明、章二帝之提倡，諸經各擅勝采，經說漸自紛歧，乃有今古文之爭論，其後今古文合流，而趨於會通之途。第三章「經學與讖緯學」：係就讖緯學之源起、儒化、王道德教之儒家思想、學者附讖非讖

之心態，及其興衰起伏之變遷作一探討。蓋讖緯學既雜入經學，學者稱為內學，地位反在經學之上，而構成東漢特有之學術思潮。下編「東漢士風」：檢討士風之形成因素，由於光武之表彰氣節，旌節士，所以變西京貪儒之風，為廉直之俗；舉逸民，所以推嚴穴幽隱之士，使天下歸心。加以選舉科目，既重道德名節；薦舉徵辟，必採鄉曲士譽，於是羣方咸遂，競修士節，而種種德目出焉，如人倫孝行、故主報恩、尊崇師道、競尚復仇、崇讓之風、清廉高潔、退仕隱逸等，皆合於儒家經義，而有助士風之鼓盪。且名節之建立，於國家緩急之際，亦可恃以揩拄傾危，延扶國祚。然其弊在絕出流輩，激詭違俗，雖不得中道而行，良其風軌，有足以激濁揚清，挽薄俗頹風者也。結論主旨在探討經術與士風二者會通交流之歸趣。由於經術之極盛，儒家人倫道德之深入人心，致使士人以經義為其依據，進而修德立名，東漢士風淳美，實儒學有以致之也。而士風由於察舉敗壞，政治秕僻，士人依仁蹈義，舍命不渝，驅馳險阨，以挽國難。當其時也，志士交結，經術不重，學者遊談，儒者之風蓋衰。黨錮之後，高名善士，多坐流廢，人倫綱紀於是乎大壞，士人漸圖身家之計，道術乃為天下裂。自是六藝隱而老莊出，經師亡而名士出，東漢經術一變為超脫虛靈之玄學。此士風之影響經術也。本文參考書以《漢書》、《後漢書》、《三國志》為主，輔以東漢諸子書，及諸儒論學名著，如《日知錄》、《廿二史箚記》、《困學紀聞》、《讀通鑑論》等，當代先賢前說，亦在參驗之列，並酌以一己管見，勉力以成篇。

夫東漢經術，所以立其後二千年儒家道統之基礎，而東漢士風之淳美，尤為後世所不及。余雖發潛闡幽，然臨文之際，常恐精思不逮，以失先儒大義也。幸蒙　黃師錦鋐悉心指導，乃克成篇。惟罣漏之處，在所不免，碩學先進，幸垂教焉。

又志學以來，時受　吳師碧霞先生之教誨誘掖，豈敢或忘，特此敬申謝忱。

癸亥年孟夏之月翁麗雪謹識於
國立臺灣師範大學國文研究所

上編　東漢之經術

第一章　經學之極盛期

第一節　帝皇之表彰經術

　　秦以坑儒而滅，漢以崇學而興。漢初不任儒者，及武帝罷黜百家，表彰
《六經》，董仲舒對策，以爲諸不在六藝之中，孔子之術者，皆絕其道，勿使
並進。於是儒術始爲天下所重。其時公孫弘以《春秋》，白衣而爲天子三公，
於是天下學子，靡然鄉風矣。〔註1〕元、成之後，刑名漸廢。上無異教，下無
異學，自帝王至崖穴之士，莫不以倡導儒術，講明經學爲職志。朝廷法律，
本之《六經》，臣下奏議，純依經義。國有大疑，輒引《春秋》以爲斷，〔註2〕
自是天下士人，莫不以經學爲進身之階，《漢書‧儒林傳‧贊》：

> 自武帝立五經博士，開弟子員，設科射策，勸以官祿，訖於元始，
> 百有餘年，傳業者寖盛，支葉蕃滋，一經說至百餘萬言，大師眾至
> 千餘人，蓋祿利之路然也。

「一經說至百餘萬言，大師眾至千餘人」乃由「祿利」而來，既視經術爲祿
利之途徑，而學術目的，亦唯利祿。故夏侯勝常謂諸生曰：「士病不明經術，
經術苟明，其取青紫，如俛拾地芥耳。學術不明，不如歸耕。」（《漢書‧卷
七十五‧夏侯勝傳》）光武以桓榮爲少傅，賜以輜車乘馬，榮大會諸生，陳其

〔註1〕　《史記‧卷百二十一‧儒林傳》：「及今上（武帝）即位，……而公孫弘以《春
　　　　秋》，白衣爲天子三公，封爲平津侯。天下之學士靡然鄉風矣。」

〔註2〕　《漢書‧卷五十六‧董仲舒傳》：「仲舒在家，朝廷如有大議，使使者及廷尉
　　　　張湯就其家而問之。其對皆有明法。」王先謙補注「〈藝文志〉有《公羊董仲
　　　　舒治獄》十六篇」。可見以《春秋》斷疑事疑獄，漢世頗爲盛行。

車馬印綬曰：「今日所蒙，稽古之力。」（《後漢書》卷六十七）自西漢時，便有「遺子黃金滿籝，不如教子一經」（《漢書》卷七十三韋賢傳）之諺語，可見社會看重經學，以爲攫取祿利之途，達成梯榮之目的。

　　王莽更始之際，天下散亂，禮樂分崩，典文殘落。光武皇帝受命中興，羣雄崩擾，旌旗亂野，東西誅戰，不遑啓處。然猶「投戈講藝，息馬論道」。（《後漢書‧卷卅二‧樊準傳》）史載光武在兵間十歲，〔註3〕知天下疲耗，思樂息肩，皇太子嘗問攻戰之事，帝曰：「昔衛靈公問陣，孔子不對，此非爾所及。」故賈復知帝欲偃武修文，不欲功臣擁眾京師，乃與高密侯鄧禹，並剽甲兵，敦儒學。復闔門養威重，受《易經》，起大義，帝深然之。〔註4〕光武早年學於長安，受《尚書》于中大夫盧江許子威。〔註5〕其涵泳於西漢經學長流之中，固亦爲經義教養之人，非同於漢高祖之儒冠置溺也。又東漢中興功臣多近儒，西漢開國功臣多出於亡命無賴，觀光武功臣如雲台二十八將者流，多明習經書，而高祖功臣如陳平、王陵者流，則多爲布衣白徒之流，故光武之表彰經術，偃武修文，亦一時風會不同也。茲將二者羅列一表，比較於下：
〔註6〕

漢　初　布　衣　卿　相		光　武　二　十　八　將	
韓相之子	張　良	能誦詩	太傅高密侯鄧禹
秦御史	張　蒼	汝南太守、修鄉校、聘能爲《左氏春秋》者	執金吾雍奴侯寇恂
秦博士	叔孫通	通《左氏春秋》、《孫子兵法》	征西大將軍陽夏侯馮異
沛主吏掾	蕭　何	習《尚書》	左將軍膠東侯賈復
獄　掾	曹　參	以明經爲郎	建威大將軍好時侯耿弇
獄　吏	任　敖	少好經書	征虜將軍潁陽侯祭遵
泗水卒史	周　苛	以好禮修整稱、遷太守、起學校	豫章太守中水侯李忠
騎　將	傅　寬	少遊學長安	上谷太守淮陽侯王霸
材　官	申屠嘉	少遊學長安	東郡太守東光侯耿純

〔註3〕　《陶輯東觀漢記》「詔勒」。
〔註4〕　《陶輯東觀漢記》「見幾」。
〔註5〕　《姚輯東觀漢記》卷一，「世祖光武皇帝」。
〔註6〕　此表乃依《廿二史箚記》「東漢功臣多近儒」、「漢初布衣將相之局」與《後漢書‧卷二十二‧朱景王杜馬劉傅堅馬列傳》結論所列中興二十八將作比較。

白　　徒	陳平、王陵、酈商、酈食其、夏侯嬰	少遊學長安	驃騎大將軍櫟陽侯景丹
屠　　狗	樊　噲	少遊學長安	驃騎大將軍慎侯劉隆
織薄曲吹蕭給喪事者	周　勃		
販　　繒	灌　嬰		
輓　　車	婁　敬		

　　西漢立國 214 年（西元前 206 年至西元 8 年），至東漢開國（西元 25 年），其功臣便由亡國無賴過渡至濟濟多士之儒者風範，如鄧禹有子十三人，且使其各守一經，修整閨門（《後漢書》卷十六）。可見武帝建元五年（西元前 136）置五經博士以來，經術已深移人心矣。光武既紹恢前緒，起於學士大夫，習經術，終涉大位。〔註7〕每旦視朝，日側乃罷。數引公卿郎將，講論經理，夜分乃寐（《後漢書》卷一）。其極力提倡經術乃至如此。其後明、章繼其志，於提倡經術，不遺餘力。《後漢書・卷三十二・樊準傳》云：

> 至孝明皇帝，……垂情古典，游意經藝，每饗射禮畢，正坐自講，諸儒並聽，四方欣欣。……又多徵名儒，以充禮官。……每讌會，則論難衎衎，共求政化。……朝者進而思政，罷者退而備問。……是以議者每稱盛時，咸言永平。

明帝為太子時，師桓榮。永平二年（西元 59 年）臨辟雍，引師桓榮及其弟子升堂，明帝自為講說，諸儒執經問難，圜橋門聽者萬數。章帝師張酺，元和二年（西元 85 年）東巡，張酺為東郡太守進謁，先備弟子禮，使張酺講《尚書》一篇，然後再修君臣禮。蓋由於光武好經學，尊禮儒生，因而奠定東漢君臣尊師重學之風氣。

　　後漢儒學之極盛，可見於《後漢書・儒林傳》：

> 及光武中興，愛好經術，……建武五年，迺修起太學，稽式古典，籩豆干戚之容，備之於列，服方領習矩步者，委它乎其中。中元元年，初建三雍。明帝即位，親行其禮，天子始冠通天，衣日月，備法物之駕，盛清道之儀，坐明堂而朝羣后，登雲臺以望雲物，袒割辟雍之上，尊養三老五更。饗射禮畢，帝正坐自講，諸儒執經問難於前，冠帶縉紳之人，圜橋門而觀聽者蓋億萬計。其後復為功臣子孫、四姓末屬別立校舍，搜選高能以受其業，自期門羽林之士，悉

　　令通《孝經》章句，匈奴亦遣子入學。濟濟乎，洋洋乎，盛於永平

　　矣！

蓋明帝非特善繼父道，並復行古禮，故東漢儒學之盛，明帝之力居多，其後
章帝於建初四年（西元 79 年），大會諸儒於白虎觀，考詳古文之同異，連月
乃罷。蓋經學自東漢光武、明、章三帝之提倡，已臻極盛。

　　帝皇既於表彰經術不遺餘力，於其身也，亦能孳孳於經術之研究，東漢
帝王通經，計有光武帝〔註8〕、孝明帝〔註9〕孝章帝〔註10〕、孝和帝〔註11〕、
孝安帝〔註12〕、孝順帝〔註13〕、孝桓帝〔註14〕、孝靈帝〔註15〕、孝獻帝〔註16〕。
又皇后通經，計有三：即明德馬后（《後漢書》卷十）、和熹鄧后（仝上）、順
烈梁后（仝上），茲將其列為一表，以作本節之結束：

帝　后	治　經　緣　由
光武帝	受《尚書》于中大夫廬江許子威。
孝明帝	十歲，通《春秋》，治《尚書》，兼通九經。
孝章帝	始治《尚書》，遂兼五經。
孝和帝	初治《尚書》，遂兼覽《書》傳。
孝安帝	年十歲，善史書，喜經籍，號曰諸生。永初元年，帝始講《尚書》，耽于典藝。
孝順帝	始入小學，誦《孝經》章句，其後受業《尚書》。
孝桓帝	初桓帝為蠡吾侯，受學於甘陵周福，及為帝以桓彬、張蕃、楊秉、楊賜、楊寬為侍講。
孝靈帝	好學，自造〈皇羲篇〉五十章。
孝獻帝	頗好文學，荀悅與彧及少府孔融侍講禁中，且夕談論，馬嚴勸學省中。
明德馬后	常與帝且夕言道政事，及教授諸小王，論議經書，能誦《易》，好讀《春秋》、楚詞、尤喜《周官》、董仲舒書。
和熹鄧后	六歲能史書，十二通《詩》、《論語》、《書》，修婦業，暮誦經典，家人號曰諸生。
順烈梁后	九歲能通《孝經》、《論語》，遂治《韓詩》，大義略舉。

〔註 8〕　《姚輯東觀漢記》卷一，「世祖光武皇帝」。
〔註 9〕　《姚輯東觀漢記》卷二，「顯宗孝明皇帝」。
〔註 10〕　《姚輯東觀漢記》卷二，「肅宗孝章皇帝」。
〔註 11〕　《姚輯東觀漢記》卷二，「穆宗孝和皇帝」。
〔註 12〕　《姚輯東觀漢記》卷三，「恭宗孝安皇帝」。
〔註 13〕　《姚輯東觀漢記》卷三，「敬宗孝順皇帝」。
〔註 14〕　徐天麟《東漢會要》卷十一，帝學，「桓帝」。
〔註 15〕　徐天麟《東漢會要》卷十一，帝學，「靈帝」。
〔註 16〕　徐天麟《東漢會要》卷十一，帝學，「獻帝」。

第二節　官學與私學

官學私學者，以其立於學官與不得立爲別。得立於學官，則設博士、置弟子。若不得立者，則私相傳授而已。自武帝表彰《六經》，「凡非在六藝之科者絕勿進」。光武中興，「投戈講藝，息馬論道。」帝王提倡不遺餘力，於是教化大興，學校發達，士風淳樸。班固於其〈東都賦〉中讚曰：「四海之內，學校如林，庠序盈門」，可謂盛矣。漢代學制系統，始製於平帝元始三年，共分學校爲五級：太學一級屬中央；學、校、庠、序四級屬地方。學、校由郡國縣邑舉辦，庠、序由鄉聚舉辦。學與校置經師，庠與序置《孝經》師。太學屬於大學性質，學、校屬於中學性質，庠、序約屬於小學性質。小學授小學諸書，中學授《孝經》、《論語》，大學則授《五經》（王國維《觀堂集林》）。此外尚有旁系二支：一曰宮邸學，即爲外戚貴族及功臣子弟專門設立之學校。一曰鴻都門學，即帝王意旨所辦修習文藝之學校。以上皆爲官學。復次，漢代私人講學之風氣極爲普遍，故經師設館或鄉間塾校，大爲盛行，弟子少者常數百人，多者且萬餘人。故漢代無論官學、私學，皆並行不悖，茲繪圖於下，再依次討論：

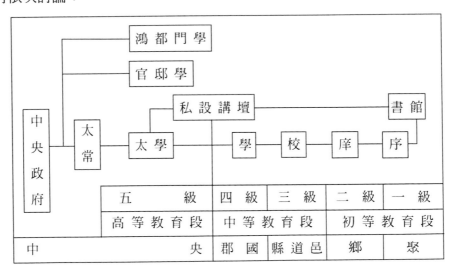

一、太　學

甲、太學之緣起

夫太學，賢士之所關，教化之本源也。漢代太學之創設，源於武帝建元元年（西元前 140 年）董仲舒之對策，其云：

常玉不琢，不成文章，君子不學，不成其德；……夫不養士，而欲
求賢，譬猶不琢玉而求文采也。故養士之大者，莫大乎太學。太學
者，賢士之所關也，教化之本原也。……臣願陛下興太學，置明師，
以養天下之士。數考問以盡其材，則英俊宜可得矣。(《全漢文》卷
廿六・董仲舒對策)

於是武帝善其言，建元五年(西元前 136 年)，置五經博士，元朔五年(西元前
124 年)，為博士置弟子。當時太學未有特置之地，據《文獻通考》謂，當時「所
謂太學，僅以明堂、辟雍為代表；明堂、辟雍共為一所，為祭祀及會士之用，
非養士之地也。」(卷卅一)此語當有所據。其後成帝時，「劉向說上宜興辟雍，
設庠序」，然以成帝崩，劉向卒而罷。平帝元始四年(西元 4 年)，王莽為宰衡，
起靈臺，作長門宮。南去隄三百步，起國學於郭之西南，為博士之官寺。門北
出，正於其中央為射宮，門出殿堂南嚮為牆，選士肄射於此。中北之外為博士
舍三十區，周環之。北之東為常滿倉，倉之北為會市。但列槐樹數百行為隊，
無牆屋。諸生朔望會此市，各持其郡所出質物及經書傳記笙磬樂器，相與買賣，
雍容揖攘，或論議槐下。其東為太學官寺，門南出，置令丞吏，結姦宄，理詞
訟。五經博士領弟子員三百六十，六經三十博士，弟子萬八百人，主事高弟侍
講各二十四人。學士同舍，行無遠近皆隨檐，雨不塗足，暑不暴首。〔註17〕可
知當時太學，儼然為一小規模社會，甚至有販賣部(市)與法庭(獄)，制度甚
盛。漢代至此乃有正式教育學生之太學，而中國最早建立學校以居學者，實推
王莽。治光武中興，定都洛陽，建武五年(西元 29 年)光武愍其荒廢，乃重建
太學。時太學在洛陽城故開陽門外，去宮八里；講堂長十丈，廣三丈(陸機〈洛
陽記〉)。並起太學博士舍，內外講堂，諸生橫巷，為內外所集(《後漢書・卷四
十八・翟酺傳》)。中元元年(西元 58 年)，起辟雍。明帝永平二年(西元 59
年)，臨辟雍行大射養老禮，饗射禮畢，帝正坐自講，諸儒問難於前，冠帶縉紳
環聽於兩旁，容納聽眾至數十萬人，規模之大，可以想見。章帝建初四年(西
元 79 年)，詔諸儒會白虎觀，議五經異同，連月始罷。和帝又數幸東觀，召見
諸儒。然自安帝攬政以來，薄於藝文，博士倚席不講，生徒相視怠荒，學舍頹
敝，學政廢弛。至順帝始復興學政，更修黌宇，凡所造構二百四十房，千八百
五十室(《後漢書》卷七十九)，自是遊學增盛，至三萬餘生。以三萬餘生，居
千八百餘室，殆六室而居百人。室極寬大，日中可接賓客，夜可留賓止宿。蓋

〔註17〕《太平御覽》五百三十四引《三輔黃圖》。

自王莽以來，太學凡經三挫。莽末年，赤眉焚燒宮室市里，長安爲墟，城中無人行，宗廟園陵，皆被發掘，太學陵遲，當不倖免，此一挫也。又自安帝之薄藝文而學舍頹廢，此二挫也。自黨錮以來，匹夫抗憤，處士橫議，人之云亡，邦國殄瘁，士人既不重經術，而太學實名存實亡矣，此三挫也。

乙、太學之教授十四博士

（一）博士之由來

　　考博士之名，大概源於戰國之際。《宋書·百官志》：「六國時往往有博士。」據文獻推究六國博士設立之先後，約始於魯國，《史記·循吏傳》：「公儀休者，魯博士也，以高第爲魯相。」而魏國已有博士弟子，《漢書·賈山傳》：「山祖父袪，故魏王時博士弟子也。」春秋、戰國之交宋國亦設有博士，《史記·龜策列傳》：「衛平爲宋博士。」齊與魯接壤，齊之稷下〔註18〕講學，實爲博士之濫觴。《說苑·尊賢篇》：「淳于髡爲齊博士。」《五經異義》謂「戰國時，齊置博士之官。」秦漢博士多來自稷下。稷下先生「不治而議論」，或著書立說，以干人主。其對當時政治能產生極大影響。《史記·田齊世家》云：

　　　　宣王喜文學游說之士，自如鄒衍、淳于髡、田駢、接子、慎到、環

　　　　淵之徒七十六人，皆賜列第爲上大夫，不治而議論，是以齊稷下學

　　　　士復盛，且數百千人。

此稷下學士七十六人，可見當時君主養士之風，而秦漢博士亦由此而來，茲分二端說之：

　　　　（一）秦博士以七十人爲準，當襲於稷下七十六人之制而來。《史記·始皇紀》三十四年：「始皇置酒咸陽宮，博士七十人前爲壽。」又三十五年：「侯生、盧生相與謀曰……博士雖七十，特備員弗用。」《說苑·至公篇》：「始皇召羣臣面議，博士七十人未對。」此三證皆足證二者之關連，或以爲秦博士七十人，乃襲自孔子七十弟子之數，當亦有關，聊備一說。

　　　　（二）秦漢人所謂「稷嗣君」、「棘下生」，當與稷下有關。《史記·叔孫通傳》：「漢王拜叔孫通爲博士，號爲稷嗣君。」《尚書正義》引鄭玄書贊：「我先師棘下生安國，亦好此學。」所謂棘下生，即稷下先生之意，孔安國曾爲漢初博士，其稱「棘下生」，叔孫通稱「稷嗣君」，皆與稷下有關。

〔註18〕《北堂書鈔》卷八十三「稷下」，齊有稷山，立館其下，以待周遊學士，因以爲名。

（二）博士職掌之變遷

《漢書・百官公卿表・序》：「博士，秦官。掌通古今，員多至數十人。」《秦會要》載其職掌共有八端：（一）議帝號。（二）對湘君河神。（三）以郡縣爲不便。（四）爲僊眞人詩。（五）占夢（以上見〈始皇本紀〉）。（六）議封禪（見〈封禪書〉）。（七）議討陳勝（見《史記・叔孫通傳》）。（八）議禪繼（見《說苑・至公篇》）。由此觀之，不儘諸子詩賦方伎術數，皆立博士，秦博士亦議典禮故事，與漢制同矣。

漢興因秦制，博士員至數十人。叔孫通爲高帝時博士（《史記》卷九十九），孔襄爲惠帝時博士（《史記》卷四十七）。文帝時，齊人公孫臣上書，陳終始五德傳，文帝召以爲博士。〔註 19〕趙岐《孟子題辭》：「孝文皇帝欲廣游學之路，《論語》、《孝經》、《爾雅》皆置博士。」〔註 20〕其時猶襲秦時諸子百家傳記皆立博士之制，非專經之士也。《詩經》立於學官最早，文帝始置一經（《詩經》）博士（《後漢書・卷四十八・翟酺傳》），以申公與韓嬰爲博士，〔註 21〕景帝以轅固生爲《詩經》博士，董仲舒、胡母生爲《春秋》博士。經學至此已有由暗而明，凸出各家之趨勢，故武帝時乃有立五經博士之創舉。《漢書・儒林傳・贊》云：

> 自武帝立五經博士，……《書》唯有歐陽（歐陽生）、《禮》后（后倉）、《易》楊（沈欽韓云：《易》楊爲《易》田之訛，田即田何）、《春秋》公羊（胡母生、董仲舒）而已。至孝宣世，復立《大小夏侯尚書》、《大小戴禮》、《施孟梁丘易》、《穀梁春秋》。至元帝時，復立《京氏易》。平帝時，又立《左氏春秋》、《毛詩》、逸《禮》、古文《尚書》。

武帝既立五經博士，〈儒林傳贊〉獨舉四經者，一說以爲《詩經》已立於文帝時，今并《詩》爲五也。〔註 22〕一說以爲獨舉此四經，後此四經皆有增設，至宣帝時，增員至十二人。獨《詩》惟三家，一猶文景之舊，博士不增，故亦不及，〔註 23〕今併二說錄之。自此《論語》、《孝經》、《孟子》、《爾雅》等

〔註 19〕 王國維《觀堂集林・漢魏博士考》。

〔註 20〕 劉歆〈移太常博士書〉：「孝文時，天下眾書，往往頗出，皆諸子傳說，猶廣立於學官，爲置博士。」趙氏之言當爲是。

〔註 21〕 《困學紀聞》卷八下，「經說」。

〔註 22〕 《困學紀聞》卷八下，「經說」：「立五經而獨舉其四，蓋《詩》已立於文帝時，今并《詩》爲五也。」

〔註 23〕 錢穆〈兩漢博士家法考〉。

諸子傳記博士皆罷。〔註24〕從此博士一職，漸從方伎神怪旁門雜流中脫穎而出。其執掌不爲「通古今」，而爲「作經師」之經學路線。

　　武帝之後，宣元以來，儒術日盛，朝廷博士，遂多增設。此朝廷所以網羅遺佚，兼而存之也。如武帝時，《尚書》有歐陽，至宣帝時則增《大、小夏侯尚書》。武帝時，《易》僅有楊（何），至宣帝時則增施、孟、梁丘三家。元帝時又立《京氏易》，未幾而廢。〔註25〕武帝時，《春秋》有公羊，宣帝時又立《穀梁春秋》。計宣帝時《易》則施、孟、梁丘三家，《書》則歐陽、大小夏侯三家，《詩》則齊、魯、韓三家，《禮》則后氏一家，《春秋》則公羊、穀梁二家。至平帝時，復立古文《尚書》、《毛詩》、逸《禮》、《左氏春秋》於學官。平帝元始四年（西元 4 年），立《樂經》，合前爲《六經》，每經博士五人，則六經三十人。《三輔黃圖》謂：「五經博士領弟子員三百六十；《六經》三十博士，弟子萬八百人。主事高弟侍講各二十四人。」（《太平御覽》卷五三四）此外《周禮》亦於王莽時立學官。《漢書・藝文志》著錄「周官經六篇」，班固自注曰：「王莽時，劉歆置博士。」又《經典釋文・敘錄》：「范曄《後漢書・儒林傳》云：『中興，鄭眾傳《周官經》，後馬融作《周官傳》授鄭玄，玄作《周官注》。』王莽時劉歆爲國師，始建立《周官經》，以爲《周禮》。」案劉歆爲國師嘉新公（《漢書》卷九十九），在王莽始建國元年（西元 9 年），由此可推斷《周官經》之立於學官當亦在此時。

　　及光武中興，取消《樂經》，恢復五經博士制，立十四博士，《後漢書・卷七十九・儒林列傳》云：

> 及光武中興，愛好經術，未及下車，而先訪儒雅，採求闕文，補綴漏逸。先是四方學士多懷協圖書，遁逃林藪。自是莫不抱負墳策，雲會京師，范升、陳元、鄭興、杜林、衛宏、劉昆、桓榮之徒，繼踵而集。於是立《五經》博士，各以家法教授，《易》有施、孟、梁丘、京氏，《尚書》歐陽、大小夏侯，《詩》齊、魯、韓，《禮》大、小戴，《春秋》嚴、顏，凡十四博士，太常差次總領焉。

《後漢書・徐防傳》注：

〔註24〕王國維〈漢魏博士考〉案：然《論語》、《孝經》、《孟子》、《爾雅》，雖同時並罷，其罷之之意則不同，《孟子》，以其爲諸子而罷之也。至《論語》、《孝經》、《爾雅》，則以受經與不受經者皆誦習之，不宜限於博士而罷之也。

〔註25〕元帝立《京氏易》，未幾而廢。《後漢書・卷三十六・范升傳》：「先帝前世有疑於此，故京氏雖立，輒復見廢。」

《易》有施、孟（施讎、孟喜）、梁邱賀、京房；《書》有歐陽和伯、夏侯勝、建；《詩》有申公、轅固、韓嬰；《春秋》有嚴彭祖；顏安樂；《禮》有戴德、戴聖。凡十四博士，太常差選有聰明威重者一人爲祭酒，總領綱紀也。

蓋光武此時，將博士人數由平帝時三十人減爲十四人，後立《左氏》、《穀梁春秋》二家爲博士，未幾而廢。《後漢書‧卷卅六‧陳元傳》云：

時議欲立《左氏傳》博士，……范升復與（陳）元相辯難，凡十餘上，帝卒立《左氏》學。太常選博士四人，元爲第一。帝以元新忿爭，乃用其次司隸從事李封。於是諸儒以《左氏》之立，議論讙譁。自公卿以下數廷爭之。會封病卒，《左氏》復廢。

同書〈賈逵傳〉云：

至光武皇帝，奮獨見之明，興立《左氏》、《穀梁》，會二家先師不曉圖讖，故令中道而廢。

自是訖後漢之末，博士官無所增損。然慶氏（普）《禮》東漢時是否立於學官，曾引起許多爭論，如張金吾〈兩漢五經博士考〉〔註26〕、王國維〈漢魏博士考〉，〔註27〕皆有專篇論及。史載後漢初曹充習慶氏《禮》，建武中爲博士（《後漢書》卷卅五）。其子襃傳其學，遂有慶氏學，章帝時徵拜博士（仝上）。董鈞習慶氏《禮》，明帝永平初，爲博士。若然，則慶氏《禮》，東漢時豈亦嘗立于學官，而史失載耶？竊以爲當時亦嘗立學官，其後慶氏學微，一如《左氏》之旋立旋廢，因經說之紛歧，未能統一而中廢也。若《春秋公羊》二家，嚴彭祖與顏安樂俱事眭孟，孟死，彭祖、安樂各顓門教授，由是《公羊》有顏、嚴之學。彭祖爲宣帝時博士，是以《公羊》嚴氏學於西漢時已立於學官（見《漢書‧嚴彭祖傳》）。而顏氏學則東漢光武帝時始立學官。遍查史籍，皆不見載有顏氏於西漢立博士之事，此尤爲所當辯者。

〔註26〕張金吾〈兩漢五經博士考〉：「慶氏《禮》，東漢未立學官，而……曹充等三人以習慶氏禮爲博士，蓋以他經博士，兼授……慶氏《禮》耳。又案《經典釋文》曰：後漢三禮皆立博士，三禮者，大小戴及慶氏也。若然，則慶氏《禮》者，豈亦嘗立于學官，如《左氏》之旋立旋廢，而史失載耶？敢以質博學者。」

〔註27〕王國維〈漢魏博士考〉：「案後漢初曾置慶氏《禮》，當時爲《禮》博士者，如曹充、如曹襃、如董鈞，皆傳慶氏《禮》者也。傳二戴《禮》而爲博士者史反無聞，疑當時《禮》有慶大小戴三氏，故班氏〈藝文志〉謂《禮》三家皆立於學官，蓋誤以後漢之制本於前漢也。後慶氏學微，博士亦中廢，至後漢末，《禮》博士只有大小戴二家，故司馬彪、范曄均遺之耳。」

茲將兩漢五經立於學官者之宗派，整理於下，以作本小節之結束：

經總別	經 小 別	文別	人 別	立 博 士 之 始
詩	魯詩	今文	申培公	文帝恆時始立博士
	齊詩	今文	轅固生	景帝啓時始立博士
	韓詩	今文	韓嬰	文帝恆時始立博士
	毛詩	古文	毛萇	平帝衍時始立博士
書	歐陽尚書	今文	歐陽高	武帝徹時始立博士
	大夏侯尚書	今文	夏侯勝	宣帝詢時始立博士
	小夏侯尚書	今文	夏侯建	宣帝詢時始立博士
	孔氏尚書	古文	孔安國	平帝衍時始立博士
易	田氏易	今文	田何	武帝徹時始立博士
	梁邱氏易	今文	梁邱賀	宣帝詢時始立博士
	施氏易	今文	施讎	宣帝詢時始立博士
	孟氏易	今文	孟喜	宣帝詢時始立博士
	京氏易	今文	京房	元帝奭時始立博士
禮	高堂生士禮	今文	高堂生	武帝徹時始立（后蒼）博士
	慶氏禮	今文	慶普	宣帝詢時始立博士
	大戴禮	今文	戴德	宣帝詢時始立博士
	小戴禮	今文	戴聖	宣帝詢時始立博士
	逸禮	古文		平帝衍時始立博士
	周官	古文		王莽時曾立博士
《春秋》	穀梁春秋	今文		宣帝時瑕丘江公曾立博士
	公羊春秋	今文		景帝啓時始立（董仲舒、胡母生）博士
	公羊嚴氏春秋	今文	嚴彭祖	宣帝詢時始立博士
	公羊顏氏春秋	今文	顏安樂	光武帝秀時始立博士
	左氏春秋	古文		平帝衍時始立博士

至於博士之任用，西漢時或由徵召，或由薦舉，或以諸科進（由賢良、文學、明經諸科進者），或由他官遷調而來。東漢則較嚴，必須先試而後用。《文獻通考·太學》有云：「按西京博士，但以名流爲之，無選試之法。中興以來，始試而後用，蓋欲其爲人之師範，則不容不先試其能否也。」〔註28〕

〔註28〕《文獻通考》卷四十，「太學」。

此外，東漢博士之資格與選用，特重學識品行，凡爲博士，須保舉而後試博士。其舉狀見於《後漢書‧卷卅三‧朱浮傳》注引《漢官儀》云：

> 生事愛敬，喪沒如禮。通《易》、《尚書》、《孝經》、《論語》、兼綜載
> 籍，窮微闡奧。隱居樂道，不求聞達。身無金痍痼疾，世六屬不與
> 妖惡交通、王侯賞賜，行應四科，經任博士。　　某官某甲保舉

狀文中所謂「行應四科」，《後漢‧和帝紀》注引《漢官儀》世祖詔云：「（四科取士）：一曰德行高妙，志節清白。二曰經明行修，能任博士。三曰明曉法律，足以決疑，能案章覆問，文任御史。四曰剛毅多略，遭事不惑，明足照姦，勇足決斷，才任三輔令。」可見東漢博士必須「經明」且須「行修」，身體強健，有樂業敬業之精神與教學態度。總之，經師人師並重，東漢重視道德精神，於此可窺一端倪。

丙、太學學生

太學學生稱爲「博士弟子」，在東漢時簡稱爲「太學生」或「諸生」。前面提過博士自六國時已有弟子，漢因之。博士弟子之設，始於武帝元朔五年（西元前 124 年），《漢書‧卷六‧武帝紀》詔曰：

> 「蓋聞導民以禮，風之以樂。今禮壞樂崩，朕甚閔焉。故詳延天下
> 方聞之士，咸薦諸朝。其令禮官勸學，講議洽聞，舉遺興禮，以爲
> 天下先。太常其議予博士弟子，崇鄉黨之化，以屬賢材焉。」丞相
> 弘（公孫弘）請爲博士置弟子員，學者益廣。

設立博士弟子員，其議始於公孫弘，武帝元朔五年（西元前 124 年），正式成爲定制，初置弟子五十人。（《漢書‧卷八十八‧儒林傳》）其後大增員數，《漢書‧儒林傳》：

> （昭帝時）增博士弟子員滿百人，宣帝末增倍之。元帝好儒，能通
> 一經者皆復。數年，以用度不足，更爲設員千人，……成帝末，或
> 言孔子布衣養徒三千人，今天子太學弟子少，於是增弟子員三千人。
> 歲餘，復如故。平帝時王莽秉政，增元士之子得受業如弟子，勿以
> 爲員。

故自此以來，公卿大夫士吏，多爲彬彬文學之士矣。光武立五經博士十四，「各以家法教授」，是以博士均有弟子若干人。博士弟子，各修一家之學，至東漢順帝以後，數達三萬人之多。《後漢書‧黨錮傳》云：「太學諸生三萬餘人。」《後漢書‧儒林傳》亦云：

　　（順帝）更修黌宇，凡所造構二百四十房，千八百五十室。……自
　　是遊學增盛，至三萬餘生。

太學生自武帝時五十人，自此增加六百倍，達三萬人之多，太學生之急遽增
加，正反映經學之極盛。朝廷誘之以利祿，致使經術成為官吏進身之階，梯
榮致顯之途。學者研經之盛，是以造成儒術定於一尊。此時，經學之發展更
為穩定，亦必然之趨勢也。

二、郡國學

　　郡國學校之設立，始於景帝末年蜀郡太守文翁。《漢書・卷八十九・循吏
傳》：

　　（文翁）為蜀郡守，仁愛好教化，見蜀地辟陋有蠻夷風，文翁欲誘
　　進之，乃選郡縣小吏開敏有材者張叔等十餘人，親自飭屬，遣詣京
　　師，受業博士，或學律令。……數歲，蜀生皆成就還歸，文翁以為
　　右職（師古注：郡中高職也），用次察舉，官有至郡守刺史者。又修
　　起學官於成都市中，招下縣子弟以為學官弟子。為除更繇（師古注：
　　不令從役），高者以補郡縣吏，次為孝弟力田。常選學官僮子，使在
　　便坐受事，每出行縣，益從學官諸生明經飭行者與俱，使傳教令，
　　出入闈閣（案：宮中小門）。縣邑吏民見而榮之，數年，爭欲為學官
　　弟子，富人至出錢以求之。繇是大化，蜀地學於京師者比齊魯焉。
　　至武帝時，乃令天下郡國皆立學校官。

蜀郡原為僻陋之地，文翁為郡守，一則派遣郡縣小吏開敏有才者十餘人至京
師留學；一則修起學官於成都市中，招選各縣子弟以為學官弟子，於是教化
大興。武帝因而令郡國皆設置學官。然郡國之設立，則至平帝元始三年（西
元 3 年），始設立制度。凡郡國設立之學校曰學，縣設立者曰校，學、校各
置經師一人。凡鄉設之學校曰庠，聚設立者曰序，庠、序各置《孝經》師一
人。此制一定，歷東漢二百年未改，足見朝野之重視。尤其東漢官吏，儒者
尤多，凡為郡守就任時，必先注意學校之興辦與經學之提倡。今且略舉數例
於下：

　　（李忠）為丹陽太守。……忠以丹陽越俗不好學，……乃為起學校，
　　習禮容。《春秋》鄉飲，選用明經。郡中向慕之。（《後漢書・卷廿一・
　　李忠傳》）

（宋均）調補辰陽長，……爲立學校。（〈卷四一‧宋均傳〉）

（寇恂）爲汝南太守，……修鄉校，教生徒。（〈卷十六‧寇恂傳〉）

（任延）爲武威太守，造立教官，自掾吏子孫，皆令詣學受業。（〈卷七十六‧任延傳〉）

（秦彭）爲山陽太守，崇好儒雅，敦明庠序。（〈卷七十六‧秦彭傳〉）

（鮑德）爲南陽太守，……時郡學久廢，德乃修起橫舍，備俎豆黻冕，行禮奏樂。又尊饗國老，宴會諸儒。百姓觀者，莫不勸服。（〈卷廿九‧鮑昱傳〉）

（孔融）爲北海相，立學校，表顯儒術。（〈卷七十‧孔融傳〉）

郡國學官，皆自動授學，僻壤蠻陬，莫不有學。蓋經術之移人，以學化民，民自爲風俗也。夫士生斯世，苟有肩任斯道之志，雖位不在高，亦樂自爲之。東漢風俗之美，郡守在各地化民成俗，確能發揮極大功效。〈東都賦〉所謂「獻酬交錯，俎豆辛辛，下舞上歌，蹈德詠仁」，即此之謂也。

三、宮邸學

宮邸學是爲外戚貴族及功臣子弟專門設立之學。創辦之因，由於彼輩係食祿之家，苟逸居而無教，必近於禽獸，故明帝於永平九年（西元66年）特設此學。據《後漢書‧卷二‧明帝紀》云：「永平九年，爲四姓小侯開立學校，置《五經》師。」袁宏《後漢紀》曰：

> 永平中崇尚儒學，自皇太子、諸王侯及功臣子弟，莫不受經。又爲外戚樊氏、郭氏、陰氏、馬氏諸子弟立學，號四姓小侯，置《五經》師。以非列侯，故曰小侯。

其後安帝元初六年（西元119年），鄧太后稱制，詔徵和帝弟濟北、河閒王子男女年五歲以上四十餘人，鄧氏近親子孫三十餘人，爲開邸第，教學經書，躬自監試。謂「今末世貴戚食祿之家，溫衣美飯，乘堅驅良，而面牆術學，不識臧否，斯故禍敗所從來也。永平中，四姓小侯皆令入學，所以矯俗厲薄，反之忠孝。」（《後漢書‧卷十‧鄧后紀》）故不但帝王崇尙經術，設立學校而已，太后亦能「開邸第」而「躬自監試」，當時重視教育之風，可以想見。其後復爲功臣子孫、四姓末屬，別立學舍。凡爲貴戚子弟，皆能入學。此爲貴戚學校之擴大。聲名既彰，匈奴亦派遣子弟入學。

四、鴻都門學

　　鴻都、城門名，於內置學，故名。設立原因，由於靈帝嗜好字畫及尺牘。
當時太學，充滿經氣，不克滿足帝皇之嗜好，是以光和元年（西元178年），
創立此學。《後漢書‧卷六十‧蔡邕列傳》載：

　　　初（靈）帝好學，自造《皇羲篇》五十章，因引諸生能爲文賦者，
　　　本頗以經術相招，後諸爲尺牘及工書鳥篆者，皆加引召，遂至數十
　　　人。侍中祭酒樂松、賈護，多引無行趨勢之徒，並待制鴻都門下，
　　　喜陳方俗閭里小事，帝甚悅之，待以不次之位。

諸生由州郡三公辟召，大概皆仕宦中人，其稱「鴻都門學士」，待遇頗優，業
畢任官，或「出爲刺史太守，入爲尚書侍中」（《後漢書‧卷六十‧蔡邕傳》），
至有封侯賜爵者，士君子皆恥以爲列。陽球甚至奏罷鴻都文學，其文曰：

　　　伏承有詔勅中尚方爲鴻都文學樂松、江覽等三十二人圖象立贊，以
　　　勸學者。臣聞《傳》曰：「君舉必書，書而不法，後嗣何觀！」案松、
　　　覽等皆出於微蔑，斗筲小人，依憑世戚，附託權豪，俛眉承睫，徼
　　　進明時。或獻賦一篇，或鳥篆盈簡，而位升郎中，形圖丹青。亦有
　　　筆不點牘，辭不辯心，假手請字，妖僞百品，莫不被蒙殊恩，蟬蛻
　　　滓濁。是以有識掩口，天下嗟歎。臣聞圖象之設，以昭勸戒，欲令
　　　人君動鑒得失。未聞豎子小人，詐作文頌，而可妄竊天官，垂象圖
　　　素者也。今太學、東觀足以宣明聖化，願罷鴻都之選，以消天下之
　　　謗。（《後漢書》卷七十七）

鴻都門學之內容，大概以書畫辭賦爲主，以投人主之所好，不過當時皆以經
學爲主，學者視書畫辭賦爲雕蟲小技，不足齒數，甚至目爲敗壞學風之行爲。
然而急於求進，望風迎附之徒，不在少數。雖陽球、楊賜〔註29〕、蔡邕〔註30〕
諸人奏書請罷，然以帝皇之喜好，終遭「書奏不省」一途。既而黃巾賊起，

〔註29〕《後漢書‧卷五十四‧楊賜傳》：「鴻都門下，招會羣小，造作賦說，以蟲篆
　　　　小技見寵於時，如驩兜、共工更相薦說，旬月之間，並各拔擢，樂松處常伯，
　　　　任芝居納言。郤儉、梁鵠俱以便辟之性，佞辯之心，各受豐爵不次之寵……
　　　　從小人之邪意，順無知之私意，不念〈板〉、〈蕩〉之作，虺蜴之誠。殆哉之
　　　　危，莫過於今。」
〔註30〕《後漢書‧卷六十下‧蔡邕列傳》：「夫書畫辭賦，才之小者，匡國理政，未
　　　　有其能。陛下即位之初，先涉經術，聽政餘日，觀省篇章，聊以游意，當代
　　　　博弈，非以教化取士之本。而諸生競利，作者鼎沸。其高者頗引經訓風喻之
　　　　言；下則連偶俗語，有類俳優；或竊成文，虛冒名氏。」

－17－

天下大亂，鴻都門學亦趨於淪亡。

五、東漢私學

《後漢書‧卷七十九‧儒林傳‧論》曰：

> 自光武中年以後，干戈稍戢，專事經學，自是其風世篤焉。其服儒
> 衣，稱先王，遊庠序，聚橫塾者，蓋布之於邦域矣。若乃經生所處，
> 不遠萬里之路，精廬暫建，贏糧動有千百，其耆名高義開門受徒者，
> 編牒不下萬人，皆專相傳祖，莫或訛雜。

東漢官學之盛行已如上述，私學之發達，於此可見一斑。著名之累世經學，
有孔氏、伏氏、桓氏三家。孔氏世爲博士，如孔鮒爲陳涉王博士，孔襄爲惠
帝時博士，孔安國、孔延年爲武帝時博士，孔霸爲昭帝時博士。桓氏世爲帝
師，桓榮以明《尚書》授明帝經，其子郁爲章帝師，郁爲中子，爲安、桓、
順三帝師。伏氏世典秘籍，伏勝爲故秦博士，治《尚書》。漢興，伏生發壁
藏之書，教於齊、魯之間，文帝使晁錯往受業，其裔孫伏理，理子湛，湛玄
孫無忌，均傳家學。〔註31〕孔氏自孔安國以後，八世以經學名世，卿相牧守
多達五十三人。其次伏氏，自伏氏以後世傳經學，歷兩漢四百年，東州號曰
伏不鬭。桓氏則自桓榮以下，一家三代爲帝王師，此所以桓氏經學之盛，冠
於東京之故也。此外，家學之盛，遍於史傳，茲舉數例以證：傳《易》如郎
宗傳其子郎顗（《後漢書》卷卅）、楊震傳楊秉（同書卷五十四）、徐宣傳徐
防（卷四十四）、袁彭傳其弟袁湯（卷四十五）。傳《尚書》如歐陽生傳至歐
陽歙，八代其學不衰（卷七十九）、鮑永傳鮑昱（卷廿九）、曹曾傳曹祉（卷
七十九）、宋京傳宋意（卷四十一）。傳《詩》如伏理傳伏湛（卷廿六）。傳
《春秋》如甄宇傳甄普，普傳承（卷七十九）、賈徽傳賈逵（卷卅六）。蓋古
人習一業，則累世相傳數十百年不墜，此所謂世業也。而士人之潛心於經術，
亦令人敬佩。如董仲舒三年不窺園；法眞歷年不窺園；趙昱歷年潛思，不窺
園門；桓榮十五年不窺家園，何休不窺園者十七年。〔註32〕亦其能忍人所不
能，故其成就乃能高能大。其他如劉子政教授子孫，下至婦女，無不讀誦《左
氏春秋》。〔註33〕張楷（字公超），隱居宏農山中，學者隨之所居成市，後華

〔註31〕參《廿二史劄記》卷五「累世經學」。
〔註32〕《困學紀聞》卷十二下，「攷史」。
〔註33〕桓譚《新論‧識通》第十，又見《北堂書鈔》卷九十八，《御覽》卷六百十，

陰山南遂有公超市。〔註34〕孫期遠人從其學者，皆執經壟畔以追之，里落化其仁壤，黃巾賊起相約，不犯孫先生舍。（《後漢書》卷七十九）楊倫講授於大澤中，弟子至千餘人（仝上），此皆為當時所稱道。

　　西漢傳經之業，專在學官，非詣博士，不得受業，雖間有私授，但其傳不廣。東漢則私家講學之風極盛，其門弟子少者常數百人，多者且萬餘人。茲列舉於下：門弟子超過百人者，計有張醴聚徒以百數（《後漢書》卷四十五）、魯丕門生就學者常百餘人（卷二十五）、唐檀教授常百餘人（卷八十二下）、董鈞教授門生百餘人（卷七十九下）。數百人者計有劉昆教授弟子恆五百人（卷七十九上）、洼丹徒眾數百人（仝上）、楊政教授數百人（仝上）、郎顗致學徒常數百人（卷三十）、董春遠方門徒學者常數百人（謝承《後漢書》卷七）、摯恂教授數百人（《後漢書》卷六十上）、歐陽歙在郡教授數百人（卷七十九上）、桓榮徒眾數百人（卷三十七）、桓郁門徒常數百人（仝上）、桓焉弟子傳業者數百人（仝上）、桓典門徒數百人（仝上）、牟融門徒數百人（卷二十六）、張楷門徒常數百人（卷三十六）、孔季彥門徒數百人（卷七十九上）、伏湛教授數百人（卷二十六）、李恂教授諸生常數百人（卷五十一）、甄宇教授常數百人（卷七十九下）、甄承講授嘗數百人（仝上）、程曾講授數百人（仝上）、李育教授門徒數百（仝上）、徐子盛授諸生數百人（卷二十七）、史弼聚徒數百（卷六十四）、劉淑講授諸生常數百人（卷六十七）、陳寔講授諸生數百人（《御覽》百八十一）、邊韶教授數百人（《後漢書》卷八十上）、薛漢教授常數百人（卷七十九下）、周澤（卷七十九下）、檀敷遠方至者常數百人（卷六十七）、劉茂教授常數百人（卷八十一）、廖扶教授常數百人（卷八十二）、法真弟子自遠方至者數百人（卷八十三）。教授超千人者如夏恭講授門徒常千餘人（卷八十上）、丁恭諸生自遠方至者著錄數千人（卷七十九下）、馬融教養諸生，常有千數（卷六十上）、鄭玄弟子自遠至者數千（卷三十五）、曹曾門徒三千人（卷七十九上）、牟紆門生千人（仝上）、宋登教授數千人（仝上）、丁鴻遠方至者數千人（卷三十七）、王良諸生千餘人（卷二十七）、楊厚教授門生錄者三千餘人（卷三十上）、周磐門徒常千人（卷三十九）、楊倫弟子至千餘人（卷七十九上）、索盧放教授千餘人（卷八十一）、魏應弟子自遠方至，著錄數千人（卷七十九下）、樊儵教授門徒前後三千餘人（卷三十二）、張玄

又卷六百十六。
〔註34〕謝承《後漢書》卷二，「張楷」，又見《御覽》卷八百二十七。

弟子著錄千餘人（卷六十九下）、夏恭門徒常千餘人（卷八十上）、鍾皓教授門徒千餘人（卷六十二）、曹褒教授諸生千餘人（卷三十五）、樓望諸生著錄九千餘人（卷七十九下）、杜撫弟子千餘人（卷六十九下）、李膺教授常千人（卷六十七）、張奐養徒千人（卷六十五）、郭泰弟子以千數（卷六十八）、穎容聚徒千餘人（卷六十九下）、謝該門徒數百千人（仝上）、姜肱士之遠來就學者三千餘人（卷五十三）。超過萬人者，計有蔡玄門徒著錄者萬六千人（卷七十九下）、張興弟子自遠至者且萬人（卷七十九上）、牟長諸生講學者常有千餘人，著錄前後萬人（仝上）、翟酺弟子萬數（卷四十八）。諸生之中，所謂「著錄弟子」，乃別於及門受業者言，著錄者僅錄其名，不須親來受業，或慕其名，或因名利之誘，故其數多至萬六千人（如張玄）。徐幹《中論‧譴交篇》云：

> 有策名於朝，而稱門生於富貴之家者，比屋有之，爲之師而無以教，弟子亦不受業。

徐幹所云，即指「著錄弟子」而言。此風以東漢爲最盛，雖徒眾甚眾，眞正受教者，不過數百人或千人。其教授方法，往往使高業弟子，轉相傳授。而漢人成學必由師，訓詁句讀，皆由口傳。是以東漢馬融，門徒四百餘人，升堂進者五十餘生。乃使高業弟子，以次相傳，故門人鮮有能入其室者。鄭玄在其門下，三年未見師面。夫玄以一介飽學之士，猶師事馬融，況不及玄者乎！當時士人虛心求知之態度，與學必由師之精神，於此可見一斑。

第三節　經今古文之爭

一、今古文第一次爭論——劉歆爭立古文經（西元前6年）

　　經今、古文之爭論，起於劉歆移書讓太常博士，終東漢凡有四次今古文之爭。據劉歆本傳，劉歆，成帝河平中，受詔與其父向領校秘書，獲見古文經傳，欲立《左氏春秋》、《毛詩》、逸《禮》、《古文尚書》於學官，《漢書》卷三十六〈移太常博士書〉：

> 及魯恭王壞孔子宅，欲以爲宮，而得古文於壞壁之中，《逸禮》有三十九、（逸）《書》十六篇。天漢之後，孔安國（家）獻之。遭巫蠱倉卒之難，未及施行。及《春秋》左氏，丘明所修，皆古文舊書，

多者二十餘通，臧於祕府，伏而未發。……傳問民間，則有魯國桓公（傳古文《禮》）、趙國貫公（傳《左傳》）、膠東庸生（傳《古文尚書》）之遺學與此同，抑而未施。

〈移書〉又曰：

且此數家（謂《逸禮》、逸《書》及《左傳》）之事，皆先帝（成帝）所親論，今上（哀帝）所考視，其古文舊書，皆有徵驗，外（民間）內（秘藏）相應，豈苟而已哉！

劉歆以秦焚書及禁挾書之故，今文經傳，殘缺不完；而《古文尚書》較伏生所傳今文《尚書》二十九篇多得十六篇；《逸禮》較高堂生所傳《禮經》十七篇（即《儀禮》）多得三十九篇；又以古文《易》校施、孟、梁丘今文《易》，知脫去〈无咎〉、〈悔亡〉；以《古文尚書》校歐陽、大小夏侯今文《尚書》，知〈酒誥〉脫簡一，〈召誥〉脫簡二；而左丘明《左氏春秋》，則恐孔子口授之褒貶，因弟子異言而作，較之《公羊》、《穀梁》經孔子再三傳授而後筆于書，實爲信而有徵矣。〔註35〕當時今文經學「分文析字，煩言碎辭，學者罷老且不能究其一藝。」「保殘守缺，挾恐見破之私意，而無從善服義之公心。或懷妬嫉，不考情實，雷同相從，隨聲是非。」〔註36〕是今文經學不僅抱殘守闕，且蔽於一己之私意，黨同門，妒道爭。其時今文博士則以《尚書》、《禮》爲備，左氏不傳《春秋》。大司空師丹且大怒，「奏歆改亂舊章，非毀先帝所立。」名儒光祿大夫龔勝，以歆移書，上疏深自罪責，乞骸骨罷。而劉歆既忤執政大臣，爲眾儒所訕，懼誅，乃自求外放。此爲今文學與古文學之第一次爭論。

　　蓋自孝武，經學定於一尊。西漢諸儒，所傳者今文，多由口授，故經文往往與古文不同。原今古文之爭，初由文字之異，寖假乃爲門戶之見、意氣之爭。皮錫瑞《經學歷史・經學昌明時代》云：

兩漢經學有今古文之分。今古文所以分，其先由於文字之異。今文者，今所謂隸書，世所傳《熹平石經》及孔廟等處漢碑是也。古文者，今所謂籀書，世所傳《岐陽石鼓》及《説文》所載古文是也。隸書，漢世通行，故當時謂之今文。……籀書，漢世已不通行，故當時謂之古文。……漢立十四博士，皆今文家。而當古文未興之前，未嘗別立今文之名。……至劉歆始增置《古文尚書》、《毛詩》、《周

<hr />

〔註35〕皮錫瑞《經學通論》經文第五。
〔註36〕《漢書》卷三十六，劉歆傳，〈移太常博士書〉。

官》、《左氏春秋》。既立學官，必創說解。後漢衛宏、賈逵、馬融又遞為增補，以行於世，遂與今文分道揚鑣。……非惟文字不同，而說解亦異矣。

皮氏以為今古文所以不同，乃由於「文字不同」與「說解亦異」二因素。文字既有不同，今文得自口耳相傳，古文則為山巖屋壁之藏。實則今文先出，古文後出。尤其二者在經義之解說，更大不相同。即以《左氏春秋》與今文《春秋》公羊家而言，公羊家主張孔子為漢制法，為絕對王權之寶典，斷不容古文學派以《左氏春秋》立於學官。又如《周官》雖於王莽時立於學官，其屢遭今文學派之排斥，不在《左氏春秋》之下。賈公彥《周禮正義·序》周禮興廢謂：「林孝存以為武帝知《周官》末世瀆亂不驗之書，故作十論七難以排棄之。何休亦以為六國陰謀之書。」林、何二人皆是東漢今文學者，排斥《周禮》且如此，則劉歆之爭立古文經，其受今文學派之攻擊自屬必然。今古文之爭所以流於門戶之見、意氣之爭，乃至水火不相容，此誠經學之不幸。其時國家凡大議論、大獄訟，輒引經義以決，故經義不容兩歧，其爭非無故也。況博士經生之爭立學官與博士弟子，常流於爭利祿，非真學術之爭，[註37] 學術既涉利祿，則易趨衰微之途。

二、今古文第二次爭論——韓歆、陳元與范升爭立《費氏易》、《左氏春秋》

平帝時，劉歆所議之書，均立學官。王莽時，劉歆又為《周官經》立博士。至東漢，乃有十四博士，皆循西漢之舊，而《穀梁》、《左氏》、《毛詩》、《古文尚書》、《逸禮》諸書則罷置不立。惟《左氏》諸書，經歆之提倡，傳習者已眾。家居教授如楊倫、謝該（《後漢書》卷七十九）等古文家，其弟子之多，猶且過於今文經師。光武時，尚書令韓歆欲為《費氏易》、《左氏春秋》立博士，建武四年（西元 28 年）正月，詔博士范升平議。其時如光武帝、尚書令韓歆、太中大夫許淑、郎官陳元、司隸從事李封等均主立《左氏傳》博士。《後漢書·卷三十六·范升傳》：

升起對曰：「《左氏》不祖孔子，而出於丘明，師徒相傳，又無其人，且非先帝所存，無因得立。」

[註37] 錢穆《國學概論·兩漢經生經今古文之爭》。

遂與韓歆及太中大夫許淑等互相辯難，日中乃罷。升退而奏曰：

> 近有司請置《京氏易》博士，群下執事，莫能據正。《京氏》既立，
> 《費氏》怨望，《左氏春秋》復以比類，亦希置立。《京》、《費》已
> 行，次復《高氏》，《春秋》之家，又有《騶》、《夾》。如令《左氏》、
> 《費氏》得置博士，《高氏》、《騶》、《夾》、《五經》奇異，並復求立，
> 各有所執，乖戾分爭。從之則失道，不從則失人。……今《費》、《左》
> 二學，無有本師，而多反異，先帝前世，有疑於此，故《京氏》雖
> 立，輒復見廢。……雖設學官，無有弟子，《詩》、《書》不講，禮樂
> 不修，奏立《左》、《費》，非政急務。……謹奏《左氏》之失凡十四
> 事。

時古文學者難之，以爲太史公多引《左氏》。范升又上太史公違戾《五經》及
《左氏春秋》不可錄三十一事。陳元乃詣闕上書，力主《左氏》。《後漢書·
卷三十六·陳元》傳：

> 丘明至賢，親受孔子，而《公羊》、《穀梁》傳聞於後世，故詔立《左
> 氏》，博詢可否，示不專己，盡之群下也。今論者沈溺所習，翫守舊
> 聞，固執虛言傳受之辭，以非親見實事之道。《左氏》孤學少與，遂
> 爲異家之所覆冒。

范升與陳元相辯難凡十餘疏，帝卒立《左氏》。太常選博士四人，陳元爲第一。
帝以元新忿爭，乃用其次司隸從事李封。於是，諸儒以《左氏》之立，論議
讙譁，自公卿以下，數廷爭之。會李封病卒，《左氏》遂廢。此爲今文學與古
文學之第二次爭論。

三、今古文第三次爭論──白虎觀議奏

白虎觀議奏其議始於楊終，《後漢書·卷四十八·楊終傳》：

> （建初元年，西元 76 年）終又言：宣帝博徵群儒，論定《五經》於
> 石渠閣。方今天下少事，學者得成其業，而章句之徒，破壞大體。
> 宜如石渠故事，永爲後世則。於是詔諸儒於白虎觀論考同異焉。

西漢宣帝石渠議奏主要動機在平《公羊》、《穀梁》之同異。蓋自漢武置《五
經》博士，說經爲利祿之途，於是說經者日眾。經說愈趨詳密，經之異說亦
益歧，至使一經有數家，家有數說，於是朝廷不得不謀整齊以歸一是，致有
宣帝甘露三年（西元前 51 年）會諸儒於石渠，論《五經》異同之舉，其後卒

立《梁丘易》、《穀梁春秋》二家爲博士。漢儒治經最重家法，家法之起，當在博士分家之後，博士分家起於宣帝石渠議奏，而諸經章句之完成，亦當在宣帝之後。〔註38〕漢儒治經之初，僅舉大誼，不免疏略。其後章句之學大興，章句必具文，具文者，備具原文而一一說之。遇有不可說之處，則不免流於節說，故章句漸流於支離，「分文析義，煩言碎辭」，此即楊終所謂「章句之徒，破壞大體」而有統一經說之請。故東漢之有白虎觀議奏，猶西漢之有石渠議奏也。白虎觀之議實發端於楊終。章帝建初四年（西元 79 年），詔諸儒會白虎觀議《五經》異同，帝親稱制臨決焉。《後漢書・卷三・章帝紀》詔云：

> 漢承暴秦，襃顯儒術，建立《五經》，爲置博士。其後學者精進，雖曰承師，亦別名家。孝宣皇帝以爲去聖久遠，學不厭博，故遂立《大、小夏侯尚書》，後又立《京氏易》。至建武中，復置《顏氏》、《嚴氏春秋》、《大小戴禮》博士，此皆所以扶進微學，尊廣道藝也。中元元年詔書，《五經》章句煩多，議欲減省。至永平元年，長水校尉（樊）儵奏言，先帝大業，當以時施行。欲使諸儒共正經義。

當時章句浮文之煩多，已爲有識者所不滿，故楊終議之於前，章帝詔之於後，裁減章句即爲此次會議召開之主要事項。

參與此次會議者，據清姚振宗《補後漢書藝文志》卷一「白虎議奏百餘篇」下註：

> 白虎觀會議諸儒，有廣平王羨、魏應、淳于恭、班固、賈逵、桓郁、李育、魯恭、樓望、成封、丁鴻、張酺、召馴、趙博，其發端者長水校尉樊儵、校書郎楊終也；儵前卒，不與其事。

與會之儒，今文學派習《尚書》者計有丁鴻〔註39〕、桓郁〔註40〕、張酺〔註41〕三人。治《詩經》者有魏應〔註42〕、魯恭〔註43〕、召馴〔註44〕三人。治《春秋

〔註38〕 錢穆《兩漢博士家法考》，「十、宣元以下博士之增設與家法興起」。
〔註39〕 《後漢書・卷三十七・丁鴻傳》載丁鴻從桓榮受《歐陽尚書》。
〔註40〕 桓郁從父桓榮受《歐陽尚書》，見《後漢書》卷三十七本傳。
〔註41〕 張酺從祖父充受《尚書》，又事桓榮習《歐陽尚書》。見《後漢書》卷四十五本傳。
〔註42〕 魏應詣博士受業，習《魯詩》。永平初爲博士，白虎觀之會議，使應掌難問。見《後漢書》卷七十九下本傳。
〔註43〕 習《魯詩》，和帝時拜爲博士，由是家法學者日盛，見《後漢書》卷二十五本傳。
〔註44〕 召馴少習《韓詩》，師受不明，又通《尚書傳》。見《後漢書》卷七十九下本

《公羊》者有樊儵〔註45〕、樓望〔註46〕、李育〔註47〕三人。所治經學科目不明者有淳于恭、趙博〔註48〕二人。古文學派治《春秋左氏傳》者有漢章帝〔註49〕、楊終〔註50〕、賈逵〔註51〕三人。學科不明有班固一人。二派之外，今古文學派不明者有劉羨、成封二人。共計十七人，古文學派只有四人，可見今文學派勢力盛大，故其會後所撰之《白虎通義》采古文說者絕少，其書可謂集今文學之大成。

　　此次會議，主要是賈逵（古文派）以《左氏傳》爲主、李育（今文派）以《公羊傳》爲主之論爭。章帝建初元年（西元 76 年），詔賈逵入講。帝善逵說，使出《左氏傳》大義長於二《傳》者，逵於是具條奏之，摘《左氏》三十事尤著明者，斯皆君臣之正義，父子之紀綱，崇君父，卑臣子，彊幹弱枝，勸善戒惡之大義。又以圖讖附會《左氏》（《五經》家皆無以證圖讖明劉氏爲堯後者，而《左氏》獨有明文）。逵又數爲帝言《古文尚書》同異，集爲三卷，帝善之。復又撰《齊》、《魯》、《韓》詩與《毛氏》異同，并作《周官解詁》，是逵極意推重古文經。而章帝之意祖古學，則尤爲感染於賈逵，令逵召授古文經，《後漢書・卷三十六・賈逵傳》：

　　（章帝）令逵自選《公羊》嚴、顏諸生高才者二十人，教以《左氏》，
　　與簡紙經傳各一通。

章帝公然令今文諸生研讀古文，古文經由是得以推展。而今文學流傳既久，弊病漸生。古文學追尋經書本來之面目，據實詳論章句訓詁，考證典章文物，

　　傳。
〔註45〕樊儵就侍中丁恭受《公羊嚴氏春秋》，以讖記正《五經》異說。白虎議奏，發端於儵，儵不與其事，先卒。見《後漢書》卷三十二本傳。
〔註46〕樓望少習《嚴氏春秋》，教授不倦，世稱儒宗，時官太常。見《後漢書》卷七十九下本傳。
〔註47〕李育習《公羊春秋》，時爲《公羊》學博士，會中以《公羊》義難賈逵，往返皆有理證，最爲通儒。
〔註48〕趙博，時爲今文博士，不知所專何經。見《後漢書・卷四十八・楊終傳》。
〔註49〕孝章皇帝，特好《古文尚書》、《左氏傳》。是其左祖古文，故列爲古文派。見《後漢書・卷三十六・賈逵傳》。
〔註50〕楊終習《春秋》，著《春秋外傳》十二篇，改定章句十五萬言，《春秋左傳》與《國語》既稱《春秋》內、外傳，則其當亦習古文，又其刪減章句，以「章句之徒，破壞大體」，則其反對今文家之意亦明。
〔註51〕賈逵從其父徽受《左氏春秋》、《國語》、《周官》、《古文尚書》、《毛詩》。雖爲古學，以《大夏侯尚書》教授，兼通五家《穀梁》說。見《後漢書》卷三十六本傳。

不空講微言大義，而歸於平易實際，故有漸超今文學「多異義可怪之論」之勢。其時賈逵主《左氏傳》，今文學家李育，習《公羊春秋》，頗涉獵古學。嘗讀《左氏傳》，雖樂文采，然謂不得聖人深意，以為前世陳元、范升之徒「多引圖讖，不據理體」，乃作〈難左氏義〉四十一事。建初四年（西元 79 年），詔與諸儒論《五經》於白虎觀，育以《公羊》義難賈逵，往返皆有理證（《後漢書》卷七十九）。然賈逵終因章帝私祖與《左氏》附會圖讖，又摘出《左氏》尤著明者三十餘事，與《公羊》抗衡而獲勝。其後章帝建初八年（西元 83 年）、安帝延光二年（西元 122 年）、靈帝光和三年（西元 180 年）三詔諸生受古文學，或除官。《後漢書・卷三・章帝紀》：

> 《五經》剖判，去聖彌遠，章句遺辭，乖疑難正，恐先師微言將遂廢絕，非所以重稽古，求道真也。其令羣儒選高才生，受學《左氏》、《穀梁春秋》、《古文尚書》、《毛詩》，以扶微學，廣異義焉。

同書，卷五〈安帝紀〉：

> 詔選三署郎及吏人能通《古文尚書》、《毛詩》、《穀梁春秋》各一人。

同書，卷八〈靈帝紀〉：

> （光和三年六月）詔公卿舉能通《（古文）尚書》、《毛詩》、《穀梁春秋》各一人，悉除議郎。

其時博士官學日衰，章句之業積重難返，「博士倚席不講，儒者競論浮麗。」（同書，卷卅二）今學日衰於上，古學日盛於下，即以今文家李育而論，雖為《公羊》博士，尚且「涉獵古學，讀《左氏傳》」，以應辯證之需，則當時已有學術將變之徵兆，《左氏春秋》經朝廷之提倡，古文學遂行於世。

白虎觀之議，諸儒考詳同異，連月乃罷（《後漢書》卷七十九）。諸儒雲集，歷時之久，誠乃曠代之盛典，將紛歧之經說，結集一書，名曰《白虎議奏》（又稱《白虎通義》、《白虎通德論》，簡稱《白虎通》）。其與西漢宣帝時之石渠議奏，其目的皆在抑經說之多歧。石渠之後，至章帝建初已有一百三十餘年，今文家經說之紛歧益甚，諸生困於異說之紛歧，治學勞而少功，是以統一經說，與經說之結集，實有其必要。其書由魏應承制問，侍中淳于恭奏之（《後漢書・卷三・章帝紀》），撰者不只一人，而撰集其事者則班固也。此外，其書於各種制度俱取今文學說。〔註 52〕皮錫瑞《經學歷史》謂：「《白

〔註 52〕觀其論《尚書》多用今文家言，於《詩》多採《魯詩》，《春秋》採《公羊》，《論語》大多為《魯論》，《禮記》多篤信〈王制〉，多今文家言。

虎通義》集今學之大成，十四博士所傳，賴此一書，稍窺崖略。……《白虎通義》采古文說絕少，以諸儒楊終、魯恭、李育、魏應皆今學大師也。」（皮錫瑞《經學歷史》，卷四）是書不僅統一今文家之經說，觀其內容既博且雜，舉凡政治、社會制度、經學、教育、禮俗、陰陽五行、災異、卜筮、讖緯等，鉅細靡遺，無所不包，蓋欲定思想於一尊，使天子庶人，皆以此爲行事準則。此爲今文學與古文學第三次爭論。

四、今古文第四次爭論──鄭玄與何休爭論《公羊》、《左氏》優劣

今古文最後之爭，發生於經學中衰之桓、靈之際。前三次今古文之爭，不免涉於爭利祿，爭立官學與博士弟子，故非眞學術之爭也。第四次今古文之爭，則主要在于學術之爭，故亦最爲重要。蓋自《白虎議奏》頒行天下以來，幾乎皆爲今文家之天下，當時既爲朝廷統一經說之便，而學者亦無人敢於公然反對。及至安帝時，許愼之《五經異義》公然反對白虎議奏，其書明白分別今古文，案語且多從古文學，是書出而揭開今古文第四次爭論之序幕。《後漢書‧卷七十九下‧許愼傳》：「愼以《五經》傳說臧否不同，於是撰爲《五經異義》。」許愼《說文解字‧自序》：「厥誼不昭，爰明以諭；其稱《易》孟氏、《書》孔氏、《詩》毛氏、《禮》周官、《春秋》左氏、《論語》、《孝經》，皆古文也。」〔註53〕皮錫瑞《經學歷史‧經學昌明時代》云：

> 許愼《五經異義》有《古尚書》說、《今尚書》夏侯歐陽說，《古毛詩》說、《今詩》韓魯說，《古周禮》說、《今禮》戴說，《古春秋》左氏說、《今春秋》公羊說、《古孝經》說、《今孝經》說，皆分別言之，非惟文字不同，而說解亦異矣。

門戶之見，壁壘分明，勢成水火，終於揭起今古文爭論之序幕。時今文家何休作《春秋公羊解詁》，又以《春秋》駁漢事六百餘條，妙得《公羊》本意。嘗與其師博士羊弼，追述李育意以難二《傳》，作《公羊墨守》、《左氏膏肓》、《穀梁廢疾》（見《後漢書‧卷七十九下‧儒林傳》）。而服虔又以《左傳》駁何休之所駁漢事六十條（仝上）。鄭玄作《發墨守》，《鍼膏肓》，《起廢疾》。休見而歎曰：「康成入吾室，操吾矛，以伐我乎！」（《後漢書》卷卅五）〈鄭玄傳〉又云：

〔註53〕其中「易孟氏」，《易》既從孟喜，當爲今文。

> 初，中興之後，范升、陳元、李育、賈逵之徒爭論古今學。後馬融
> 答北地太守劉瓌，及玄答何休，義據通深，由是古學遂明。

馬融與劉瓌之爭，事在安帝。鄭玄與羊弼、何休之爭，則於桓、靈之際。蓋自劉歆爭立古文學官，說解既備，後漢衛宏、賈逵、馬融又遞爲增補，以行於世，遂與今文分道揚鑣。今、古文對峙既嚴，於是爭論時有所見。如賈逵、馬融等之注《左傳》、《周禮》，不用今文說；而何休注《公羊》，不用古文說；許慎作《五經異義》，分今文說古文說，案語多從古文說，而鄭玄則作《駁五經異義》，意在宏通，故兼從今、古文家說。門戶之見，互不相容，至乃互相詆毀。今學以古學爲變亂師法，古學以今學爲黨同妒眞。馬融指今文博士爲俗儒，〔註54〕何休詆古文爲俗學。二派各持己見，爭論不已，其於經典之主張，亦各不同，茲列表於下，以見異同：〔註55〕

今　　文　　學	古　　文　　學
1. 崇奉孔子。	1. 崇奉周公、孔子。
2. 尊孔子爲受命之素王。	2. 尊孔子爲先師。
3. 以孔子爲託古改制。	3. 以孔子爲信而好古、述而不作。
4. 以六經爲孔子所作。	4. 以六經爲古代史料。
5. 其學以公羊爲主、言制度則宗禮記、王制。	5. 講學以左氏爲主、言制度則宗周禮。
6. 爲經學派。	6. 爲史學派。
7. 西漢多爲官學。	7. 西漢多行民間。
8. 盛於西漢。	8. 盛於東漢。
9. 斥古文經爲劉歆僞造。	9. 斥今文經傳爲秦時殘缺之餘。
10.信緯書，以孔子微言大義存其間。	10.斥緯書爲誣妄。

朱自清《經典常談》對於今古文之異同，亦有一番評論，其云：

> 今、古文之爭是西漢經學一大史跡。所爭的雖然只在幾種經書，他們卻以爲關係孔子之道即古代聖帝明王之道甚大。「道」其實也是幌子，骨子裏所爭的還在祿位與聲勢。當時今、古文派在這一點上是一致的。不過兩派的學風確也有不同處。大致今文派繼承先秦諸子的風氣，「思以道易天下」，所以主張通經致用。他們解經，只重微言大義，

〔註54〕 《後漢書・杜林傳》注引《風俗通》：「若能納而不能出，能言而不能行，講誦而已，無能往來，此俗儒也。」

〔註55〕 周紹賢《兩漢哲學》第五章，「兩漢經學」。

而所謂微言大義，其實只是他們自己的歷史哲學和政治哲學。古文派
不重哲學而重歷史，他們要負起保存和傳布文獻的責任；所以留心的
是在章句、訓詁、典禮、名物之間。他們各得了孔子的一端，各有偏
畸的地方。到了東漢，書籍流傳漸多，民間私學日盛。私學壓倒了官
學，古文經學壓倒了今文經學；學者也以兼通爲貴，不再專主一家。

今、古二派各持其道，爭辯不已，各持孔子之一端，亦各有其偏畸。及其後
也，由於今文派自身之腐化，與古文學大師之努力，大有取今文學而代之之
勢。及東漢之末，大儒鄭康成出，乃兼采今、古，折衷去取，其以古文治經
之法兼采今文，遍注羣經，如注古《禮》，則兼采今文家之〈王制〉；箋《毛
傳》（古文學），亦采《韓詩》（今文學）；注《尚書》，亦取歐陽、大小夏侯（今
文學）。今、古文之壁壘既泯，而爭端始息。史稱靈帝熹平四年（西元 175 年），
「乃詔諸儒，正定《五經》，刊於石碑」「樹之學門，使天下咸取則焉」，正是
說明此一事實。

第四節　古文學出現之意義

自秦滅學以來，漢初諸儒竭力提倡恢復之，武帝罷黜百家，董仲舒承戰
國儒家之天人相應說，始推陰陽爲儒者宗。其結果，以陰陽之說統轄天地、
晝夜、男女等自然現象，進而演生至尊卑、動靜、剛柔等抽象觀念；以五行
說木、火、土、金、水五種物質與其作用，統轄時令、方位、神靈、音律、
服色、食物、臭味、道德等等，以至於帝王系統和國家制度，〔註 56〕從陰陽
之學以凸出孔子六藝，自是儒學加入陰陽災異。今文學既以陰陽災異解說經
書，所重乃微言大義，與非常可怪之天人之學。於是迷信色彩逐漸加厚，帶
有濃厚之神秘氣息。影響所及，西漢末今文學遂與讖緯相結合，以至王莽託
言符命，光武以圖讖興，今文災異之學，由經師之鑽研、剖析，已使經學暴
露其內在之矛盾，而喪失儒家之眞面目。而今文學乃祿利之學，急功近利，
不免曲學阿曲。《漢書・儒林傳》所謂「一經說至百餘萬言，大師眾至千餘人，
蓋祿利之路然也。」學問走上利祿之途，不僅使學問僵化，終於要「碎義逃
難，便詞巧說，安其所習，毀所不見，終以自蔽。」（《漢志》）故古文經之出
現，實含有「經學淨化運動」之意義。劉師培《左盦外集・漢代古文學辨誣》

〔註 56〕顧頡剛《漢代學術史略》第一章，「陰陽五行說及其理想中的政治制度」。

云：

> 東漢之後，凡兩漢博士之家法，悉湮沒不傳。其傳者轉在古文，其
> 故何哉？蓋博士之學，利祿之學也，上者奉之以進身，下者持之以
> 餬口，與後世科舉之學略同。故治其學者，祇期利祿之及身，如桓
> 榮稽古之榮是也，豈果有發明經義之心哉！通經致用，不過自欺之
> 詞，故其學愈趨而愈陋，若古文之學興于舉世不爲之日，治其學者，
> 不以顯晦易其心，故研精殫思，寔事求是，其故一。且漢代說經之
> 儒，心之所希，不過以得立學官而止，今文之書，既立博士，治其
> 學者，一若所求已獲，遂生自懈之心，故傳者愈多，精者愈鮮。若
> 古文之學，自西漢至于東漢，爭立博士，未克施行，或甫立而旋廢，
> 治其學者，希其得立於學官，而爭競之心以起，故其說愈降而愈精，
> 其故二。

劉氏之意，蓋謂博士既立，今文經學得其志，利祿之途，大啓爭端，故今文
學日衰，與古文學日興，端在乎爭利祿與立學官而已。其言雖似偏於古文，
然頗中官學之失。而古文學出自民間，就個人而言，以好古之篤學，代替利
祿之追求；就學問而言，以追尋《六經》本來面目之平易實際，打破陰陽災
異之迷信色彩。劉歆建之於前，杜林、衛宏、鄭興、鄭眾、賈徽、賈逵、許
慎、馬融、盧植、鄭玄、服虔等古文學者，倡之於後。而此古文諸儒，並皆
博洽多聞，兼通《五經》，甚至號稱「通儒」，是以古文日盛。東漢末年，鄭
玄括囊大典，網羅眾家，集古、今學之大成，而其所注之經，皆以古學爲主，
學者知其所歸，經學於焉統一。復次，學者如西漢之揚雄，東漢之桓譚、王
充、張衡，皆反對天人相應、陰陽災變之說，對其攻擊不遺餘力。由於二派
反對今文學，促使今文學動搖，古文學日興。總而言之，古文學出現之意義，
乃在矯今文學之失，破神怪迷信之學，使學問眞正成爲大用。故古文學實含
有改革之意義。古人云：眞學問出於民間，因其必由純學問出發。章太炎有
云：「中國學術自下倡之則日善，自上建之則日哀」，誠哉是言。

第二章　經學之轉變期

　　第一章中，已貞定促成東漢經術極盛之因素，由於帝皇提倡之不遺餘力，致使官學私學之普遍設立，士人孳孳矻矻於經術之建立，加以利祿學官之誘、經說數家之歧，於是產生今、古文之爭。而此經術爭論辯難之風，除呈現經術之極盛與生機勃發外，亦趨使士人得以重新檢討當時今文學內在意義之危機，因而古文學起而矯之，實有其時代含義，故謂之今文學之反動亦可。

　　本章乃就東漢經術轉變之因素作一探討，茲分四端論之：一、師法、家法之破壞：博士講經，各以家法教授。師法者溯其源，家法者衍其流也。大抵先有師法，而後成一家之言。和帝時，博士「皆以意說，不修家法」，由於非毀師法，妄生議論，於是經學開始轉變。二、章句浮文之刪減：今文家之特色在章句，章句之學多浮文，「說五字之文，至二三萬言」，故其弊在繁瑣，因有裁減章句之風。自光武以迄漢末，此風不減，章句之刪裁，亦學術將變之先聲。三、太學生之游談：和帝時，博士倚席不講，儒者競論浮麗。順帝時，太學荒廢，至為園採芻牧之處。章句漸疏，游學增盛，經學陵替，學術漸變。四、今、古文之合流：經學經今、古文之爭後，論辯之風逐漸促成學者治經講求會通之潮流，故東漢學者多為通儒。其後鄭玄混同今、古文，刪裁繁誣，學者宗之，漢學自是一變而為鄭學。由上所列經學轉變之事實，可知學術發展，久則弊生；然由漢初專儒之難得，以至東漢通儒之眾多，足見東漢學者研經之功與經學之極盛。

第一節　師法家法之破壞

　　漢初古籍殘毀脫落，諸儒傳經，俱賴口授，口耳相傳，難免訛誤。欲有憑藉，不得不重「師法」。師法者，《後漢書》卷二十五魯丕所謂「說經者，傳先師之言，非從己出，不得相讓。法異者，各令自說師法，博觀其義。」故師之所傳，弟之所受，一字不敢有所出入；背師說即不用，師法之嚴如此。家法者，《後漢書·卷七十九·儒林傳·論》所謂「專相傳祖，莫或訛雜，繁其章條，穿求崖穴，以合一家之說。」先有師法，而後能成一家之言。師法者，溯其源；家法者，衍其流也（皮錫瑞《經學歷史》）。《後漢書·卷三·章帝紀》：

> 建初四年（西元 79 年）十一月壬戌詔曰：漢承暴秦，褒顯儒術，建
> 立《五經》，爲置博士。其後學者精進，雖曰承師，亦別名家。

學者雖承一師之業，其後觸類而長，更爲章句，而別爲一家之學。師法、家法所以分者：如《易》有施、孟、梁丘之學，是師法；施家有張（禹）、彭（宣）之學，孟家有翟（牧）、白（光）之學，梁丘有士孫（張）、鄧（彭祖）、衡（咸）之學（說詳《漢書·卷八十八·儒林傳》），是家法。可證家法從師法分出，而施、孟、梁丘之師法，又從田王孫一師分出也。

　　然則家法之興，果起於何時耶？蓋自武帝置《五經》博士，博士之選，專以通《五經》爲主。其時《五經》博士，既不限於專治一經，又不以一家一博士爲限，故未有某經博士之號也。專經博士，當自博士官置弟子，而博士教授亦漸趨分經專門之途。今考漢博士經學，分經分家而言師法，其事實起於昭、宣之後。〔註1〕《漢書·卷八十八·儒林傳·贊》謂「武帝立《五經》博士，……初《書》惟有歐陽，《禮》后，《易》楊（沈欽韓云：「易楊」爲「易田」之訛），《春秋》公羊而已。至孝宣世，復立大小夏侯《尚書》，大、小戴《禮》，施、孟、梁丘《易》，《穀梁春秋》。」武帝時，《五經》博士，乃一總名，限以《五經》爲博士也。其時雖承秦人焚書之後，能通一經之士已不多見，劉歆〈移太常博士書〉云：

> 至孝武皇帝，然後鄒、魯、梁、趙頗有《詩》、《禮》、《春秋》先師，
> 皆起於建元之間。當此之時，一人不能獨盡其經，或爲〈雅〉，或爲
> 〈頌〉，相合而成。〈泰誓〉後得，博士集而讀之。

〔註1〕錢穆《兩漢博士家法考》，「十、宣元以下博士之增設與家法興起」。

故其時不容有派別家數之分。〈儒林傳〉所載「由是某經有某家之學」者，其事當晚出。孝宣時，儒術日盛，石渠議奏，乃謀經說之統一，勿生歧異，永爲定制，而立大、小夏侯《尙書》，大、小戴《禮》、施、孟、梁丘《易》、《穀梁春秋》於學官。故自武帝立《五經》博士以來，經說日增，宣帝時，《書》、《禮》、《易》、《春秋》等，皆增立博士，亦證漢博士經說家法之分，當起於石渠議奏之後。沈約《宋書・百官志》云：「漢武建元五年，初置《五經》博士。宣、成之世，《五經》家法稍增，經置博士一人」，正是說明此一事實。

西漢重師法，史載景帝時，定陶丁姬，《易》祖師丁將軍之玄孫。顏師古注：「祖，始也。〈儒林傳〉：丁寬，《易》家之始師。」（《漢書・卷九十七・外戚傳》）武帝時，胡母生之弟子東平嬴公，不失師法（《漢書・卷八十八・儒林傳》）。宣帝時，蕭望之奏張禹經學精習，有師法（《漢書・卷八十一・張禹傳》）。元帝時，帝問善日邪時孰與邪日善時，翼奉對引師法（《漢書・卷七十五・翼奉傳》）。卓茂於元帝時，學於長安，事博士江生習《詩》、《禮》，究極師法（《後漢書・卷二十五・卓茂傳》）。哀帝時，李尋治《尙書》，與鄭寬中同師，寬中等守師法（《漢書・卷七十五・李尋傳》）。朱博爲丞相，受策，有大聲如鐘鳴，上問李尋，尋對引師法（《漢書・卷二十七・五行志》）。故西漢言及師法之事，已包含景、武、宣、元、哀五帝。東漢雖重在家法，然亦有談及師法，史載明帝時，東平王蒼上疏薦吳良曰：齊國吳良治《尙書》，學通師法，經任博士（《後漢書・卷二十七・吳良傳》）。靈帝時，劉寬學《歐陽尙書》、《京氏易》、《韓詩》，究極師法（《後漢書・卷二十五・劉寬傳》注引謝承書）。漢人重師法如此，而西漢尤過於東漢。

東漢重家法，謂守其一家之法，以自鳴其學之謂也。《後漢書・卷七十九・儒林傳》云：

> 光武中興，愛好經術，未及下車，而先訪儒雅，採求闕文，補綴漏逸……於是立《五經》博士，各以家法教授。

光武帝好經，過於西漢武帝，明、章尤加隆焉。故經術至於東京，已臻極盛，於恪守家法益趨嚴格。康有爲《新學僞經考》云：

> 以《後漢書・儒林傳》考之，十四博士皆今學。精廬之啓，贏糧之從，家法之試，祿利之得，天下莫非今學，至彊盛也。

史載和帝時魯恭爲《魯詩》博士，由是家法學者日盛（《後漢書・卷二十五・魯恭傳》）。安帝元初四年（西元 117 年），帝以經傳之文，多不正定，乃選通

儒謁者劉珍及博士良史，詣東觀，各讐校家法（《後漢書·卷七十八·蔡倫傳》）。順帝永建年間，左雄上疏，言郡國所舉孝廉，皆先詣公府，諸生試家法（《後漢書·卷六十一·左雄傳》）。質帝本初元年（西元 146 年），令郡國舉明經年五十以上，七十以下，詣太學。自大將軍至六百石，皆遣子受業。又千石、六百石、四府掾屬、四姓小侯先能通經者，各令隨家法（《後漢書·卷六·質帝紀》）。綜合以上，則舉凡薦舉、對問、孝廉、正定經文等，皆重視家法，至若傳授生徒，互相傳習，則尤非家法不足以名其學。

其不守家法者，則同門相與攻之，朝廷亦不之用。光武時，張玄少習《顏氏春秋》，兼通數家法。會顏氏博士缺，玄試策第一，拜為博士。居數月，諸生上言玄兼說《嚴氏》、《冥氏》，不宜專為《顏氏》博士，光武且令還署。（《後漢書·卷七十九下·儒林傳》）家法之嚴所以如此，探求其因，蓋漢人讀書必有師傅，無師不能讀。故千里步擔尋師，既得師，貧無資用，或執廝養之役，從而聽講受業焉。及其既通，終身守師法不敢移，而終身所得力亦盡在此書矣。文章議論，功名事業，皆從此出。漢代經學之盛，門戶派別之嚴，皆從此而起。一則為重傳授，防冒偽，明本源，尊經學。一則為分派別，爭立學，存私見，甚至養成抱殘守缺之習氣。且師法別出家法，而家法又各分專家，輾轉曠遠，漸忘其祖，用後說而舍先傳，誠所謂「是末師而非往古」也。皮錫瑞《經學歷史·經學昌明時代》云：

> 伏生《大傳》以大麓為大麓之野，明是山麓；《史記》以為山林，用歐陽說；《漢書·于定國傳》以為大錄，用大夏侯說，是大夏侯背師說矣。伏生《大傳》以孟侯為迎侯，《白虎通·朝聘篇》用之；而《漢書·地理志》，周公封弟康叔，號曰孟侯，用小夏侯說，是小夏侯背師說矣。小夏侯乃大夏侯從子，從之受學，而謂大夏侯疏略難應敵；大夏侯亦謂小夏侯破碎大道。是小夏侯求異於大夏侯，大夏侯又求異於歐陽。不守師傳，法當嚴禁，而反為之分立博士，非所謂「大道多歧亡羊」者乎？

是不僅各家互為求異，一家之中，甚且求異如此，此無他，為爭立學官與利祿而不惜違背師說也。家法流傳，其後弊病漸生。劉歆〈移太常博士書〉所謂：「綴學之士，苟因陋就寡，分文析字，煩言碎辭，信口說而背傳記，是末師而非往古，豈不哀哉！」東漢和帝永元十四年，徐防以博士弟子以意說經，不修家法，乃上疏曰：

> 伏見太學試博士弟子，皆以意說，不修家法，私相容隱，開生姦路。
> 每有策試，輒興諍訟，論議紛錯，互相是非。……今不依章句，妄
> 生穿鑿，以遵師爲非義，意說爲得理，輕侮道術，寖以成俗，誠非
> 詔書實選本意。（《後漢書》卷四十四）

從光武之令十四博士，各以家法教授，至和帝永元年間，約不過五十年間。前者如博士張玄以兼說數家法，光武令其還署。後者則博士「皆以意說，不修家法」，其間劇烈之變化，乃在於東漢多通儒，學者治經講求兼通，不再墨守一師一家之藩離。而任何學問，其始皆株守一家之言，其繼以「兼通數家家法」爲博洽，及其終也，則必至於各以其意立說，而不肯株守家法，此亦必然之勢也。後漢末葉，異家別說，亦自謂源出先師，而家法以混。惟鄭康成兼采今、古文以注諸經，以實事求是爲依歸，異於漢儒之抱殘守缺，學者宗之，漢代經師家法遂破。然其混亂今古，敗壞家法，亦蒙其咎矣。

第二節　章句浮文之刪減

《漢書・卷八十八・儒林傳》：

> 歐陽生……事伏生授倪寬，……寬有俊材，初見武帝語經學。上曰：
> 「吾始以《尚書》爲樸學，弗好。及聞寬說可觀，迺從寬問一篇。」

《尚書》是一部史書，其本質爲樸素，故武帝以爲《尚書》爲樸學，然既經倪寬之解經後，以爲「可觀」，其意義一則顯示帝皇不喜樸學，故漢儒說經事義多新異可觀，一則象徵經文原義與漢人說經之分離，而漸趨繁瑣之途徑。西漢儒者，尊重師法，專明大義微言，施諸行事，以〈禹貢〉治河〔註2〕、以〈洪範〉察變〔註3〕、以《春秋》決獄〔註4〕、以《三百五篇》當諫書，〔註5〕

〔註2〕以〈禹貢〉治河，蓋指平當。事見《漢書・卷七十一・平當傳》：「當以經明〈禹貢〉，使行河，爲騎都尉，領河隄。」顏師古注：「《尚書・禹貢》載禹治水次第，山川高下，當明此經，故使行河也。」

〔註3〕以〈洪範〉察變，蓋指夏侯勝。《漢書・卷七十五・夏侯勝傳》：「會昭帝崩，昌邑王嗣立，數出。勝當乘輿前諫曰：『天久陰而不雨，臣下有謀上者，陛下出，欲何之？』……是時（霍）光與車騎將軍張安世謀，欲廢昌邑王。光讓安世，以爲泄語。安世實不言，乃召問勝。」勝對言在〈洪範傳〉。

〔註4〕以《春秋》決獄，蓋指董仲舒。《漢書・藝文志・六藝略・春秋家》著錄《公羊董仲舒治獄》十六篇。王先謙補注「後書〈應劭傳〉故膠西董仲舒老病致仕，朝廷每有政議，數遣廷尉張湯親至陋巷問得失，於是作《春秋決獄》二百三十二事。」

治一經得一經之益，故通經即以致用。在經書中，使用最多爲《春秋》（《公羊傳》），其次是《尚書》、《詩經》、《論語》又次之，《易》、《禮》較少。〔註6〕可見西漢對於經書之應用，並不求完全切合經義理論，而其主要乃在通大義，切實際而據以斷事而已。於此，經文與經說之逐漸分離，亦可窺一端倪。及東漢風氣漸變，專重章句訓詁，而漸流於繁瑣。應劭《風俗通義・序》云：

> 漢興，儒者競復比誼會意，爲之章句，家有五六，皆析文便辭，彌以馳遠；綴文之士，雜襲龍鱗，訓註說難，轉相陵高，積如丘山，可謂繁富者矣。

所謂章句者，即爲離章辨句，委曲支派，而語多傅會，繁而不殺者也，〔註7〕一言以蔽之，曰繁瑣而已。然則漢儒經傳有章句，其事始於何時？《唐書・藝文志》云：「自六藝焚於秦，師傳之道中絕，而簡編訛缺，學者莫得其本眞，於是諸儒章句之學興。」故章句之興，一如家法，與古籍之殘毀脫落有其關連。考漢儒經傳有章句，其事蓋在昭、宣以下。前所言《五經》博士置自武帝，而博士家法之分起於宣帝，則諸經章句之完成，亦當在宣帝之後矣。〔註8〕《漢書・卷七十五・夏侯勝傳》云：

> （夏侯建）自師事勝及歐陽高，左右采獲，又從《五經》諸儒問與《尚書》相出入者，牽引以次章句，具文飾說。勝非之曰：「建所謂章句小儒，破碎大道。」建亦非勝爲學疏略，難以應敵。建卒自顓門名經。

夏侯建意欲講論經說時，不爲論敵所乘，故不惜求說經之密。爲求說經之密，則不得不左右采獲，備問《五經》，牽引以爲說，遇有原文解說不足之處，則不免飾說之。而夏侯勝非之曰：「章句小儒，破碎大道。」可證其時《大夏侯尚書》尙無章句可言。《大夏侯尚書》無章句，追溯其上，《歐陽尚書》宜亦無章句也。則《尚書》三家之有章句，當起於小夏侯建。史載《歐陽章句》

〔註5〕 以《三百五篇》當諫書，蓋指王式。《漢書・卷八十八・儒林傳》：「式爲昌邑王師。昭帝崩，昌邑王嗣立，以行淫亂廢。昌邑羣臣皆下獄誅。……式繫獄當死，治事使者責問曰：『師何以亡諫書？』式對曰：『臣以《詩》三百五篇朝夕授王，至於忠臣孝子之篇，未嘗不爲王反復誦之也；至於危亡失道之君，未嘗不流涕爲王深陳之也。臣以《三百五篇》諫，是以亡諫書。』使者以聞，亦得減死論。」
〔註6〕 台大碩士論文，夏長樸《兩漢儒學研究》，頁142。
〔註7〕 馬瑞辰《毛詩傳箋通釋》，「一、毛詩詁訓傳名義考」。
〔註8〕 錢穆《兩漢博士家法考》，「十二、家法與章句」。

三十一卷，《大、小夏侯章句》各二十九卷，可知歐陽、大夏侯《尙書》二派，當時雖力非小夏侯之具文飾說，其後風氣既開，亦均隨小夏侯之牽引章句耳。又如《後漢書‧卷七十九‧儒林傳》：「孔僖二子，長彥好章句學，季彥守其家業（《古文尙書》、《毛詩》），門徒數百人。」一好章句，一守家業，正見其時風氣將變之過渡。由上二例，一則可說明章句說經，此時已有徵兆，而特未盛。其後儒者爲求應敵，是以不惜左右采獲，違背師說，以成其一家章句之言，故章句之學特盛。一則可證能立學官爲博士，成其一家之學者，乃著章句以授弟子。換言之，有章句即有家學。如《易》之費直、高相，二家皆無章句，故未嘗立於學官。《古文尙書》未立於學官，亦無章句。《春秋左氏傳》亦因劉歆之次章句而終能立於學官。《漢書‧卷三十六‧劉歆傳》：

> 初《左氏傳》多古字古言，傳者傳訓故而已。及歆治《左氏》，引傳
> 文以解經，轉相發明，由是章句義理備焉。

訓故爲漢儒傳經初興之學，僅舉大誼，不免疏略。章句則漢儒傳經晚起之學，具文爲說，而成支離，此二者之大較也。〔註9〕如此可知家法與章句乃相爲表裏，欲成一家之法，必成一家章句，故二者同爲昭、宣以後興起。《論衡‧程材篇》云：「是以世俗學問者，不肯竟經明學，深知古今，急欲成一家章句。」是以其後章句之學，特爲興盛。據《漢書‧藝文志》載：《易》家施、孟、梁丘氏各有章句二篇；《書》家有《歐陽章句》三十一卷，《大、小夏侯章句》各二十九卷；《春秋》家有《公羊章句》三十八篇；《穀梁章句》三十三篇；《詩》、《禮》、《樂》、《論語》無章句。至于東漢，章句之學愈昌，如盧植《尙書章句》（《後漢書》卷六十四）、趙岐《孟子章句》（仝上）、鄭興《左氏章句》（同書，卷卅六）、劉表《五經章句》（卷七十四下）、鍾興《春秋章句》（卷七十九）、包咸《論語章句》（仝上）、以及牟長《尙書章句》、景鸞《月令章句》（仝上）、桓榮、桓郁《桓君大小太常章句》（卷卅七）。相形之下，東漢章句之種類，實過西漢遠矣。兩漢經師說經之書，數以百計，而立名不同。除章句外，又有故（即詁）、傳、說、微、通、條例等名，〔註10〕可見當時經說之盛況，於此，又當歸功於章句之盛行矣。

　　經說既盛，章句之學發展愈趨穩定而迅速，《漢書‧卷八十八‧儒林傳》載夏侯建授張山拊，張山拊授秦恭，「恭增師法至百萬言」，此所謂師法，意

〔註9〕錢穆《秦漢史》第五章，「昭宣以後之儒術」，頁221。
〔註10〕劉師培《國學發微》。

指極繁之章句。桓譚《新論》：

> 秦近君（當作延君）能說〈堯典〉，篇目兩字之說，至十餘萬言；但
> 說曰若稽古三萬言。

《文心雕龍・論說篇》：

> 秦延君注〈堯典〉十餘萬字。

《晉書・卷三十・刑法志》：

> 後人生意，各為章句。馬融、鄭玄，諸儒章句，十有餘家，家數十
> 萬言者。

可見自夏侯建之後，經說之字數不斷增加，西漢時注〈堯典〉二字至十餘萬字，東漢時則常「以意說造章句」，各家皆有完備之章句，家各數十萬言。今文章句之繁瑣，已為有識者不滿，古文學因而矯之，已見第一章。《漢書・藝文志》足以代表有識者之批評：

> 古之學者耕且養，三年而通一藝，存其大體，玩經文而已。是故用
> 日少而畜德多，三十而五經立也。後世經傳既已乖離，博學者又不
> 思多聞闕疑之義，而務碎義逃難，便辭巧說，破壞形體，說五字之
> 文，至於二三萬言。後進彌以馳逐，故幼童而守一藝，白首而後能
> 言。安其所習，毀所不見，終以自蔽，此學者之大患也。

班固所評，乃針對章句浮文之繁瑣而發。「說五字之文，至於二三萬言」，其內容必多離章辨句，語多傅會之詞，蔡邕所謂「前儒特為章句者，皆用其意傅，非其本旨」者也。章句之繁多累贅，有害經義，是以今文學者不得不有所修正，故刪減章句，為必然之趨勢。王充《論衡・效力篇》：

> 王莽之時，省五經章句，皆為二十萬。博士弟子郭路，夜定舊說，
> 死於燭下。

故王莽時已有刪減章句之舉，足見當時章句之煩瑣，已構成經義上之紛歧。光武以來，刪減章句，更是時有所見，茲列為一表以述之：

帝　別	經　　別	人　別	刪　減　結　果	出　處
前後漢之際	春秋左氏傳	孔　奇	作春秋左氏刪。	後漢書卷三十一孔奮傳
光　武	公羊嚴氏春秋	鍾　興	詔令定春秋章句，去其復重。	後漢書卷七十九下鍾興傳
光武、明帝	公羊嚴氏春秋	樊　儵	刪定公羊嚴氏春秋章句，世號樊侯學。	後漢書卷三十二樊儵傳

章帝、和帝之際	公羊嚴氏春秋	張　霸	以樊儵刪嚴氏春秋，猶多繁詞，乃減定爲二十萬言，更名張氏學。	後漢書卷三十六張霸傳
章　帝	春　秋	楊　終	著春秋外傳十二篇，改定章句十五萬言。	後漢書・卷四十八・楊終傳
光武、章帝之際	齊　詩	伏黯、伏恭	伏黯明齊詩，改定章句、作解說九篇，其子恭又省減浮辭，定爲二十萬言。	後漢書卷七十九下伏恭傳
明、章	歐陽尚書	桓榮、桓郁	初，榮受朱普學章句四十萬言，浮辭繁長，桓榮減爲二十三萬言，郁復刪省定爲十二萬言，由是有桓君大小太常章句。	後漢書卷三十七桓郁傳
桓、靈之際	歐陽尚書	張　奐	初牟氏（長）章句浮詞繁多，有四十五萬餘言，奐減爲九萬言。	後漢書卷六十五張奐傳

　　由上表一則顯示東漢自光武以來，雖章句極爲流行，終漢末桓、靈之際，刪減章句仍爲學者主要工作。不惟今文學家，古文學家亦爲之。二則自王莽定每經以章句二十萬爲主，終其東漢，章句字數之刪減，皆在二十萬左右，而以不超二十萬言爲主。

　　章句之學競起，西漢宣帝，夏侯勝已謂「章句小儒，破碎大道」。哀帝時，劉歆所謂「分文析義，煩言碎辭。」（《漢書》卷卅六）至東漢明帝時請禁不依章句、妄生穿鑿者。《後漢書・卷四十四・徐防傳》：

　　　　今不依章句，妄生穿鑿，以遵師爲非義，意說爲得理，輕侮道術，
　　　　寖以成俗，誠非詔書實選本義。……臣以爲博士及甲乙策試，宜從
　　　　其家章句，開五十難以試之。……若不依先師，義有相伐，皆正以
　　　　爲非。

與徐防同時之楊終，亦言「章句之徒，破壞大體」，意指妄生穿鑿，違背師說者而言，章句之弊若此，其終必發展以「博涉會通」爲貴之途徑。《顏氏家訓・勉學篇》云：

　　　　學之興廢，隨世輕重。漢時賢俊，皆以一經弘聖人之道，上明天時，
　　　　下該人事，用此致卿相者多矣。末俗已來不復爾，空守章句，但誦
　　　　師言，施之世務，殆無一可。故士大夫子弟，皆以博涉爲貴，不肯
　　　　專儒。

章帝時，王充力斥章句之鄙陋，亦以博覽爲貴，可以代表當時反對者之意見。《論衡・卷十三・別通篇》云：

> 章句之生，不覽古今，論事不實。或以說一經爲是，何須博覽。夫
> 孔子之門，講習《五經》，《五經》皆習，庶幾之才也。……我不能
> 博《五經》，又不能博眾事，守信一學，不好廣觀，無溫故知新之明，
> 而有守愚不覽之闇。

王充譏儒生爲守愚不覽，其後學者漸以博觀爲貴，所謂「通人惡煩，羞學章
句」，〔註11〕正見此種風氣之盛行。東漢學者博覽不守章句者，如班固不爲
章句，舉大義而已（《後漢書》卷四十上）；王充好博覽而不守章句（同書卷
四十九）；荀淑博學而不好章句（卷六十二）；韓融少能辯理而不爲章句學（卷
六十二）；盧植好研精而不守章句（卷六十四）；梁鴻博覽無不通，而不爲章
句（卷八十三）；馬援嘗受《齊詩》，意不能守章句（卷二十四）；桓譚博學
多通，徧習《五經》，皆詁訓大義，不爲章句（卷二十八）等。故西漢多專
儒，東漢多通儒。不惟學者如此，即如東漢明帝亦「治《尙書》，備師法，
兼通九經，略舉大義。」〔註12〕蓋風氣潮流如此，帝皇亦在所不免。然自安
帝覽政，博士倚席不講。質帝本初以後，章句漸疏，而多以浮華相尙，儒者
之風蓋衰。《後漢書·儒林傳》又謂黨人既誅，其高名善士多坐流廢，亦有
私行金貨，定蘭臺漆書經字，以合其私文者。則此時家法破敗而章句疏，今
文學衰而學術變矣。

第三節　學者之浮華遊談

東漢自光武中興，起太學博士舍。明帝時，期門羽林之士，悉令通《孝
經》章句。章帝又詔高才生受《古文尙書》、《毛詩》、《穀梁》、《左氏春秋》，
雖不立學官，然皆擢高第。順帝更修黌宇，凡所造構二百四十房，千八百五
十室。質帝本初元年（西元 146 年），梁太后詔大將軍下至六百石，悉遣子就
學。自是遊學增盛，至三萬餘生（《後漢書》卷七十九）。士之嚮學者，無論
賢愚智不肖，必以京師爲歸。史載光武帝初之長安，受《尙書》（《後漢書·
卷一·光武帝紀》）；楊終年十三，爲小吏，太守奇其才，遣詣京師受業（同
書，卷四十八）；周磐少遊京師，學《古文尙書》、《左氏傳》（卷三十九）；申
屠蟠始與濟陰王子居同在太學（卷五十三）；張衡入京師，遊太學，遂通《五

〔註11〕劉勰《文心雕龍·論說篇》。
〔註12〕《姚輯東觀漢記》卷二，「顯宗孝明皇帝」。

經》（卷五十九）；魏朗亦詣太學，受《五經》（卷六十七）；任延年十二，爲諸生，學於長安，明《詩》、《易》、《春秋》，顯名太學（卷七十六）；魯恭年十六，與母及弟丕俱居太學，閉戶講誦（卷二十五）；包咸少爲諸生，受業長安，師事博士右師細君（卷七十九下）等。蓋遭秦滅學，天下既少書籍，又少師儒，其時經義之專門名家，惟太學爲盛，士無有不遊太學者，而其時天下鴻儒咸集京師，以《後漢書・儒林傳》而論，〈儒林傳〉計列四十二傳，其出身太學，或徵辟博士，或遊學京師，或於京師教授者，計三十四人。可知士子咸以遊學京師爲榮。太學既爲最高學府，教授盡爲一代鴻生鉅儒，太學生皆爲社會優秀人才，聚天下英才於一處，可謂盛矣哉。由是太學生遽增，順帝以後，數達三萬人之多。由於人數之激增，朝廷對於太學生之考課與錄取名額亦隨之而增，並放寬年齡之限制。據史載：

> 順帝陽嘉元年，以太學新成，試明經下第者補弟子，增甲、乙科員各十人。（《後漢書》卷六）

> 質帝本初元年，令郡國舉明經，年五十以上、七十以下詣太學。自大將軍至六百石，皆遣子受業，歲滿課試，以高第五人補郎中，次五人太子舍人。（仝上）

> 靈帝熹平五年，試太學生六十以上百餘人，除郎中、太子舍人至王家郎、郡國文學吏。（同書，卷八）

如此太學生年齡之差鉅甚大，小者有十幾歲之童子，大者有六十以上之老年。東漢童子，有所謂童子郎，或譽爲聖童。史載熹平中，臧洪年十五，以父功拜童子郎，知名太學（《後漢書》卷五十八）。黃琬以公孫爲童子郎（同書，卷六十一）。順帝時，汝南謝廉、河南趙建，年始十二，各能通經，左雄奏爲童子郎（卷六十一〈左雄傳〉）。任延年十二，爲諸生，顯名太學中，號爲任聖童（卷七十六）。張堪年十六，受業長安，志美行厲，諸儒號爲聖童（卷三十一）。杜安年十三，入太學，號奇童（卷五十七〈杜根傳〉）。黃香年十二，學經典，京師號曰：天下無雙，江夏黃郎（卷八十上〈黃香傳〉）。故童子中，以不逾十六爲上限，童子尚且能通諸經，而遊學京師，經學之極盛，可以想見。東漢獻帝初平四年（西元 193 年）詔曰：

> 孔子歎學之不講，不講則所識日忘。今者儒年踰六十，去離本土，營求資糧，不得專業，結童入學，自首空歸。（《後漢書》卷九）

結童入太學，至年踰六十，尚不得專業，與年僅十餘歲之童子郎相比，何若

天壤。故太學生除年齡之差鉅外，其間品類之雜不難想見，故亦自此而步入衰途。太學生之尚浮華，疏章句，當起於和帝鄧后稱制之時。《後漢書·卷七十九·儒林傳》云：「及鄧后稱制，學者頗懈。自安帝覽政，薄於藝文，博士倚席不講，朋徒相視怠散，學舍頹敝，鞠爲園蔬，牧兒蕘豎，至於薪刈其下。……（質帝）自是遊學增盛，至三萬餘生。然章句漸疏，而多以浮華相尚，儒者之風蓋衰矣。」儒風之衰，由於經術不重；經術不重，故太學生多以浮華相尚，太學成爲遊談之地，甚至爲「牧兒蕘豎」之所，良可嘆也。故當時有識者，莫不上疏興學，或修繕太學，如和帝鄧太后臨朝，儒學陵替，樊準上疏請興儒學。《後漢書·卷卅二·樊準傳》：

> 今學者蓋少，遠方尤甚。博士倚席不講，儒者競論浮麗，忘寒寒之忠，習譏譏之辭。……臣愚以爲宜下明詔，博求幽隱，發揚巖穴，寵進儒雅。……太后深納其言，是後屢舉方正、敦樸、仁賢之士。

其後殤帝時，尚敏見《五經》頗廢，而陳興廣學校疏。《全後漢文》卷四十九引袁宏《後漢殤帝紀》云：

> 自頃以來，《五經》頗廢，後進之士，趣於文俗，宿儒舊學，無與傳業，由是俗吏繁熾，儒生寡少。其在京師，不務經學，競於人事，爭於貨賄。太學之中，不聞談論之聲；從橫之下，不覿講說之士。臣恐五經六藝，浸以陵遲，儒林學肆，於是廢失。……今百官伐閱，皆以通經爲名，無一人能稱。……自今官人，宜令取經學者，公府孝廉皆應詔，則人心專一，風化可淳也。

順帝時，翟酺上言宜修繕太學。《後漢書·卷四十八·翟酺傳》：

> 光武初興，愍其荒廢，起太學博士舍。內外講堂，諸生橫巷，爲海內所集。明帝時辟雍始成，欲毀太學，太尉趙憙以爲太學辟雍，皆宜兼存，故竝傳至今。而頃者頹廢，至爲園採芻牧之處。宜更脩繕，誘進後學。

儒學之急遽衰微，自和帝時樊準以來，歷經殤、順二帝，學者極力上疏請修，然終因大勢已去，而無力回天。太學亦由「博士倚席不講」、「太學之中，不聞談論之聲；從橫之下，不覿講說之士」而終於「頹廢爲園採芻牧之處」。漢儒風之衰，由於經術不重，儒者疏章句、尚浮華，遊談之風盛行，故太學人才徒侈其眾多，而實學已衰，其外貌反見乎極盛。太學遊談之風，如魯丕居太學，杜絕交游，不荅候問之禮，士友常以此短之（《後漢書》卷廿五）。又

如《後漢書》卷七十六載仇覽：

> （仇）覽入太學。時諸生同郡符融有高名，與覽比宇，賓客盈室。
> 覽常自守，不與融言。融觀其容止，心獨奇之，乃謂曰：「與先生同
> 郡壤，隣房牖。今京師英雄四集，志士交結之秋，雖務經學，守之
> 何固？」覽乃正色曰：「天子脩設太學，豈但使人游談其中！」高揖
> 而去，不復與言。

魯丕、仇覽之杜絕交游，而士人反以此爲短，由此可窺其時太學之不務經學，
而士人專尚游談，致使賓客盈室。夫賓客盈室，游談猶有所不及，何暇治經
學哉！可見博士官學日衰，章句之業積重難返，在理在勢，皆不可久。桓、
靈之際，黨禍兩見；志士仁人，多塡牢戶；文人學士，亦扞文網。〔註13〕經
學最盛於東漢，經學衰而漢亦亡，至是士氣頹喪而儒風寂寥矣。

第四節　今文古文之合流

漢儒說經，除開「專己守殘」之固陋外，其於經義之辯論，頗足後人欽
佩。經義之辯論，已見於西漢。史載景帝時，轅固與黃生，於上前辯儒道二
家之優劣。武帝時，韓嬰與董仲舒論難於上前。〔註14〕其後宣帝時，詔諸
儒講《五經》同異於石渠閣（《後漢書》卷三），最爲著名。下至東漢，辯論
之事更爲多見。史載章帝每讌見，常使賈宗與丁鴻等論議於前（《後漢書・
卷十七・賈復傳》）。和帝永元時，因朝會召見諸儒，魯丕與侍中賈逵、尚書
令黃香等相難數事，帝善丕說（同書，卷廿五）。此外，著名之今古文之爭，
自西漢末年劉歆揭起序幕，東漢一代爭論不絕。如光武建武時，爭立《費氏
易》與《左氏春秋》；今文博士范升奏《左氏》之失凡十四事，及《左氏春
秋》不可錄三十一事；復與（古文派）陳元相辯難凡十餘上（《後漢書》卷
三十六）；章帝會諸儒於白虎觀，講論《五經》同異，李育以《公羊》義難
賈逵，往返皆有理證，最爲通儒（同書，卷七十九），此後馬融與劉瓌，鄭
玄與何休等，〔註15〕論辨之風不絕，可見後漢一代此風極爲盛行。當其辯
難之時，只有是非，不問君臣；只有眞理，不避權勢，實爲儒者精神之表現，

〔註13〕皮錫瑞《經學歷史》，「五、經學中衰時代」，頁141。
〔註14〕《漢書・卷八十八・轅固、韓嬰傳》。
〔註15〕《後漢書・卷三十五・鄭玄傳》：「初中興之後，范升、陳元、李育、賈逵之
　　　　徒爭論古今學。後馬融答北地劉瓌，及玄答何休，義據通深，由是古學遂明。」

亦象徵漢代經師皆以善說為貴。不儘儒者如此，漢代帝皇亦善之，如光武時，百僚畢會，上令羣臣能說經者更相難詰，義有不通，輒奪其席以益通者。戴憑遂重坐五十餘席。〔註16〕此種辯論，不僅關乎個人之毀譽與學派之興滅，而更直接促進經學趨於通達之途，若限於抱殘守缺，則何能應敵以自張其說。故東漢因辯難而成名者，史蹟不乏其人，茲列為一表：

譽　稱	人　別	緣　由	出　處
說經鏗鏗楊子行	楊　政	治梁丘易，與京兆祁聖元同好，俱名善說經書。	姚輯東觀漢記卷十七
論難僴僴祁聖元	祁聖元	治梁邱易，與楊政同好，俱名善說經書。	兩漢三國學案卷一
解經不窮戴侍中	戴　憑	上（光武）令羣臣能說經者更相難詰，義有不通，輒奪其席以益通者，憑遂重坐五十餘席。	姚輯東觀漢記卷十六
難經伉伉劉太常	劉　愷	論議常引大義。	兩漢三國學案卷三
關西夫子楊伯起	楊　震	受歐陽尚書于桓郁，明經博覽，無不窮究。	兩漢三國學案卷三
五經縱橫周宣光	周　舉	博學洽聞，為儒者所宗。	兩漢三國學案卷四
五經復興魯叔陵	魯　丕	兼通五經，以魯詩、尚書教授，為當世名儒，關東號之。	兩漢三國學案卷五
關東說詩陳君期	陳　囂	習韓詩。	兩漢三國學案卷六
五經紛綸井大春	井　丹	通五經。	姚輯東觀漢記卷十六
問事不休賈長頭	賈　逵	能誦左氏傳及五經本文，以大夏侯尚書教授，雖為古學，兼通五家穀梁之說。	謝承後漢書卷一
五經無雙許叔重	許　慎	少博學經籍，馬融常雅敬之。	謝承後漢書卷五

此外，如張玄為陳倉縣丞，專心經書，方其講論，乃不食終日。及有難者，輒為張數家之說，令擇從所安，諸儒皆伏其多通（《後漢書》卷七十九）。又如董春立精舍，遠方門徒從者常數百人。諸生每升講堂，鳴鼓三通，橫經捧手請問者百人，追隨上堂難問者百餘人。〔註17〕由此一則可知漢代辯論之風，不僅限於官學，私學亦頗為盛行，上舉張玄一例，其餘可推知矣。其次，辯難之風，使經學步入《五經》家法之會通途徑，如上例張玄「張數家之說，令擇其所安。」既為各家經義，可擇其一家以安之，則家法不必論矣。自是儒者乃由西漢之專經而漸趨通儒一途。皮錫瑞《經學歷史・經學極盛時代》云：

〔註16〕　《姚輯東觀漢記》卷十六，「戴憑」。
〔註17〕　謝承《後漢書》卷七，〈董春傳〉。又見《初學記》卷十八、《御覽》卷四百四。

後漢經學盛於前漢者，有二事。一則前漢多專一經，罕能兼通。經
學初興，藏書始出；且有或爲〈雅〉，或爲〈頌〉，不能盡一經者。
若申公兼通《詩》、《春秋》，韓嬰兼通《詩》、《易》，已爲難能可貴。
後漢則尹敏習《歐陽尚書》，兼善《毛詩》、《穀梁》、《左氏春秋》。
許慎《五經》無雙。……此其盛於前漢者一也。一則前漢篤守遺經，
罕有撰述。章句略備，文采未彰。〈藝文志〉所載者，說各止一、二
篇。……後漢則周防撰《尚書雜記》三十二篇，四十萬言。……此
其盛於前漢者二也。

皮氏之意，謂後漢儒生大異於前漢初期，一則所通之經，由少而多；一則所
著之書，亦由簡而繁。故西漢學者多爲篤守遺經之士，東漢學者則多能博學，
以通儒〔註18〕自命，是以能擴大學問之領域與內容。

東漢既多通儒，治經又講求會通，故多雜治今、古文。或今文家兼治古
文，或古文家兼治今文，或今古文兼治，茲列爲一表：

今 古 文 治 別	人 別	習 經 科 目	出 處
今文家兼治古文	尹 敏	初習歐陽尚書，兼善毛詩、穀梁、左氏春秋。	後漢書卷七十九下
今文家兼治古文	李 育	少習公羊春秋，頗涉獵古學，嘗讀左氏傳。	後漢書卷七十九下
今文家兼治古文	張 馴	以大夏侯尚書教授，能誦左氏春秋。	後漢書卷七十九上
古文家兼治今文	鄭 興	少學公羊春秋，晚善左氏傳，遂積精深思，通達其旨。	後漢書卷三十六
古文家兼治今文	賈 逵	能誦左氏傳及五經本文，以大夏侯尚書教授。雖爲古學，兼通五家穀梁之說，尤明左氏傳、國語。	後漢書卷三十六
古文家兼治今文	盧 植	少與鄭玄俱事馬融，能通古今學，好研精不守章句。	後漢書卷六十四
古文家兼治今文	許 慎	著五經異義，多主古文亦引今文。嘗從賈逵受古學。	後漢書集解卷七十九引惠棟、說文解字·自序。
古文家兼治今文	鄭 眾	從父受左氏春秋，明三統歷，作春秋難記條例，兼通易、詩。	後漢書卷三十六
古文家兼治今文	馬 融	才高博洽，爲世通儒，盧植、鄭玄，皆其徒也。著三傳異同說，注孝經、論語、詩、易、三禮、尚書。	後漢書卷六十上

〔註18〕《後漢書·卷三十六·賈逵傳》注引應劭《風俗通義》曰：「授先王之制，立
　　　當時之事，綱紀國體，原本要化，此通儒也。」

古文家兼治今文	潁　容	善春秋左氏，師事太尉楊賜（歐陽尚書），著春秋左氏條例。	後漢書卷七十九下
今古文兼治	劉　陶	明尚書、春秋。推三家尚書及古文，是正文字七百餘事，名曰中文尚書。	後漢書卷五十七
今古文兼治	孫　期	習京氏易、古文尚書。	後漢書卷七十九上
今古文兼治	徐　淑	習孟氏易、春秋公羊傳、禮記、周官。	後漢書李賢注引謝承書
今古文兼治	度　尚	通京氏易、古文尚書。	後漢書李賢注引續漢書
今古文兼治	劉　祐	學嚴氏春秋、小戴禮、古文尚書。	李賢注引謝承書
今古文兼治	張　楷	通嚴氏春秋、古文尚書。	後漢書卷三十六
今古文兼治	周　磐	學古文尚書、〈洪範〉五行、左氏傳。	後漢書卷三十九

蓋自劉歆爭立古文經，今、古文之爭端至漢末已歷時二百年，而兼通之風卻有增無減，且匯爲一股時代研究之潮流。通儒相繼而出，兼治今、古文之學者亦愈盛。此時守文之徒「能納而不能出，能言而不能行，徒能講誦，無能往來」，皆爲通人所鄙，譏爲俗儒。此外，今文學家與古文學家之界限漸趨泯滅，如上舉今、古文兼治之學者，如劉陶、孫期、徐淑、度尚、張楷、劉祐、周磐等，皆不再以今文學者或古文學者自名，其治經皆取今、古文兼治之方式，是以學者由兼治今、古文而漸趨會通之途。漢末荀悅《申鑒・時事篇》所云，正可以代表當時人之意見：

> 仲尼作經，本一而已，古今文不同，而皆自謂眞本經。古今先師，義一而已，異家別說不同，而皆自謂眞古今（眞字從玉海四十三引補）。仲尼邈而靡質，昔先師歿而無聞，將誰使折之者！秦之滅學也，書藏於屋壁，義絕於朝野。逮至漢興，收摭散滯，固已無全學矣。文有磨滅，言有楚夏，出有先後，或學者先意有所借定，後進相友，彌以滋蔓，故一源十流，天水違行，而訟者紛如也。執不俱是，比而論之，必有可參者焉。

荀氏之意蓋謂六經皆孔子所傳，文字既同，說義亦不當有歧異。然遭秦滅學，史冊典籍，皆蕩然無存。幸有書藏屋壁，而漢無全學矣。及漢興學，又因文字說解之歧異而有今、古文之爭論，二派各是其所是而非其所非，其實既本於孔子所傳，若比而論之，必有可參之處。此種並存參用之說，當爲其時一般學者之見解。經學之兼通，雖爲當時趨勢所致，然一般學者則有「學徒勞而少功，後生疑而莫正」（《後漢書・卷卅五・鄭玄傳》）之疑惑，蓋經有數家，家有數說，孰是孰非，正需有閎通博大之高才碩儒，才足以解決，故其後鄭

玄出，而經學乃得到統一。史載鄭玄初事第五元先學今文之學，後從張恭祖學古文之學，其後師事馬融，固已擺脫今、古文之家法，後遂能會通今、古文而一之。其徧注羣經，凡所注《周易》、《尚書》、《毛詩》、《儀禮》、《禮記》、《論語》、《孝經》、《尚書大傳》、《中候》、《乾象曆》、又著《天文七政論》、《魯禮禘袷義》、《六藝論》、《毛詩譜》、《駁許愼五經異議》、《答臨孝存（臨碩字孝存）周禮難》，凡百餘萬言，可謂集漢學之大成也。《後漢書·卷卅五·鄭玄傳》論：

> 自秦焚《六經》，聖文埃滅。漢興，諸儒頗修藝文；及東京，學者亦各名家。而守文之徒，滯固所稟，異端紛紜，互相詭激，遂令經有數家，家有數說，章句多者或乃百餘萬言，學徒勞而少功，後生疑而莫正。鄭玄括囊大典，網羅眾家，刪裁繁誣，刊改漏失，自是學者略知所歸。

鄭玄《六藝論》亦云：

> 注《詩》宗毛爲主，毛義若隱略，則更表明，如有不同，即下己意，使可識別也。

此所謂「下己意者」，意即會通之也。不惟注《詩》如是，注他經亦同。故其不守一先生之言，以實事求是爲依歸之精神，與漢儒抱殘守缺者迥然不同，觀其箋《詩》謹愼之態度與會通之方法可知矣。而其時學者苦其家法章句之繁瑣，既見鄭君以高才偉識而會通之，是以眾論翕然歸之。後人謂「寧疑孔孟誤，不言鄭服非」，其得後人之信服，可謂深矣。自是鄭《易》注行，而施、孟、梁丘、京之《易》不行矣；鄭《書》注行，而歐陽、大小夏侯之《書》不行矣；鄭《詩》箋行，而魯、齊、韓之《詩》不行矣；鄭《禮》注行，而大、小戴之《禮》不行矣；鄭《論語》注行，而齊、魯《論語》不行矣。〔註19〕其後學者咸宗鄭學，鄭學益昌，其傳授生徒，專主鄭氏家法，而漢代今文博士之學不復振矣。

〔註19〕皮錫瑞《經學歷史·經學中衰時代》，頁148。

第三章　經學與讖緯學

第一節　讖緯學之源起

　　讖、緯同為陰陽家之產物。所謂讖，《說文》云：「讖、驗也。有徵驗之書，河洛所出書曰讖。」段注：「讖、驗疊韻。」故所謂讖，實以驗為第一義。蓋一切讖緯家之立說，其始必稱其明效大驗，否則如何使人信而從之。《後漢書·卷五十九·張衡傳》亦云：

> 立言於前，有徵於後，故智者貴焉，謂之讖書。

讖與驗有其必然之關係，二字聲近義同，同屬第七部。

　　所謂緯，乃對經而言，「經之與緯，是從橫之學」（鄭玄注《易乾坤鑿度·乾鑿度篇》），《四庫提要·易類六》：

> 按儒者多稱讖緯，其實讖自讖，緯自緯。非一類也。讖者，詭為隱語，預決吉凶。……緯者，經之支流，衍及旁義。……蓋秦、漢以來，去聖日遠，儒者推闡論說，各自成書，與經原不相比附，如伏生《尚書大傳》，董仲舒《春秋陰陽》，核其文體，即是緯書。特以顯有主名，故不能託諸孔子。其他私相誤述，漸雜以術數之言，既不知作者為誰，因附會以神其說。迨彌傳彌失，又益以妖妄之詞，遂與讖合而為一。

其意以為讖與緯，二者原不相干，各有其思想源流，秦漢以後，乃合而為一。其實緯雖配經，揆其材料，實一本諸讖。王鳴盛《蛾術篇·讖緯》云：「緯者，經之緯也。亦稱讖。」俞正燮《癸巳類稿》卷十四「緯書論」：「緯固在讖。

讖、舊名也。」由此可證讖緯只在名稱上有所差別，其實內容並無不同。且讖之出又先於緯，而圖、候、符、書、錄之稱謂雖有不同，其實皆是讖緯之異稱。今人陳槃先生〈讖緯命名及其相關之諸問題〉云：

> 今按讖、緯、圖、候、符、書、錄，雖稱謂不同，其實止是讖緯；而緯復出於讖。故讖、緯、圖、候、符、書、錄，七名者，其於漢人，通稱互文，不嫌也。蓋從其占驗言之則曰讖；從其附經言之則曰緯；從河圖及諸書之有文有圖言之則曰圖，曰緯，曰錄；從其占候之術言之則曰候，從其爲瑞應言之則曰符；同實異名，何拘之有？

漢代由於讖緯學之盛行，其時學說如神怪術數等，皆附會其中，而形成一龐雜不經之學。由其名稱之多，內容之廣，可知讖緯學乃漸漸結集而成。緯書之出現，尤其較讖爲晚。蓋緯既以附經而言，經學之儒化，則最早始於漢武帝之罷黜百家，獨尊儒術。經書既成利祿之途，而緯書之附經，始有其必要與意義。緯書之起源，不見於《漢書‧藝文志》，至《隋書‧經籍志》，才始著錄，緯之起源，主要有三說：

（一）作於孔子說

此說固屬僞託之作，故《隋書‧經籍志》、《文心雕龍‧正緯編》皆反對之。《隋書‧經籍志》云：

> 說者又云：孔子既敘《六經》，以明天人之道，知後世不能稽同其意，故別立緯及讖，以遺來世。其書出於前漢，有《河圖》九篇，《洛書》六篇，云自黃帝至周文王所受本文。又別有三十篇，云自初起至於孔子，九聖之所增演，以廣其意。又有《七經緯》三十六篇，並云孔子所作。并前合爲八十一篇。……然其文辭淺俗，顚倒舛謬，不類聖人之旨。相傳疑世人造爲之，後或者又加點竄，非其實錄。（《隋書》卷三十一）

《文心雕龍‧正緯篇》：

> 蓋緯之成經，其猶織綜，絲麻不雜，布帛乃成。今經正緯奇，倍摘千里，其僞一矣。經顯，聖訓也；緯隱，神教也。聖訓宜廣，神教宜約，而今緯多於經，神理更繁，其僞二矣。有命自天，迺稱符讖，而八十一篇，皆託於孔子，則是堯造綠圖，昌制丹書，其僞三矣。商、周以前，圖錄頻見；《春秋》之末，羣經方備。先緯後經，體乖織綜，其僞四矣。

《隋志》乃就文辭之淺俗舛謬，而斷非孔子所作。劉勰則證緯書之假託先民，僞造支離怪誕之說，以亂經典，並指稱《隋志》之八十一篇符讖，皆假託孔子而作，誠不可信也。

（二）起於西漢哀平

此說以漢荀悅《申鑒》、梁劉勰《文心雕龍》、唐孔穎達《尚書正義》、《後漢書·張衡傳》主之。荀悅《申鑒·俗嫌篇》：

> 世稱緯書仲尼所作，臣叔父爽辨之，蓋發其僞也。有起於中興之前，終張之徒之作乎（明黃省曾注：起於哀、平）。

劉勰《文心雕龍·正緯篇》：

> 通儒討覈，謂起哀平。

《尚書·序》孔穎達《正義》：

> 緯文鄙近，不出聖人。前賢共疑，有所不取。通人考正，僞起哀、平。

《後漢書·卷五十九·張衡傳》：

> 若夏侯勝、眭孟之徒，以道術立名，其所述著，無讖一言。劉向父子領校祕書，閱定九流，亦無讖錄。成、哀之後，乃始聞之。……至於王莽簒位，漢世大禍，八十篇何爲不戒？則知圖讖成於哀、平之際也。

荀悅生於東漢末年（西元148年至西元209年），已不能確知緯書之起源，而僅能推測起於中興之前，亦即哀、平之際。然考《漢書·卷七十五·李尋傳》有云：「五經六緯，尊術顯士。」顏師古注曰：「六緯者，五經之緯及樂緯也。」李尋爲成帝時人，緯書已結集爲完整之「五經六緯」，可見緯書之起源，當早於成帝時。《小黃門譙敏碑》云：「其先故國師焦贛，深明箕陳讖錄圖緯，能精微天意，傳道與京君明（房）。」（《隸釋》卷十一），焦贛約當宣、元之世，較成帝爲早。可見緯書之起源，非始於哀、平。張衡所云：「劉向父子領校秘書，亦無讖錄」，據《漢書·卷七十五·李尋傳》云：「成帝時，齊人甘忠可詐造《天官歷包元太平經》十二卷，以言漢家逢天地之大終，當更受命於天，……中壘校尉劉向，奏忠可假鬼神罔上惑眾，下獄治服，未斷病死。……哀帝初立，司隸校尉解光，亦以明經通災異得幸，白賀良等所挾忠可書，事下奉車都尉劉歆，歆以爲不合《五經》，不可施行。而李尋亦好之。光曰：『前歆父向奏忠可下獄，歆安肯通此道？』」由此可知，向、歆父子既以圖讖爲假鬼神罔上惑眾，不合《五經》，《漢書·藝文志》不錄讖緯，亦屬必然之理。

待哀帝時，雖劉歆以爲不可施行，而哀帝仍依讖改元易號，以建平二年（西元前 5 年）爲太初元將元年，號曰「陳聖劉太平皇帝」。帝皇甚且相信如此，則民間傳習，當復更甚，緯書之結集愈多，產量愈富，而無怪乎荀悅、張衡作如是推測也。

（三）起於嬴秦

此說以清《四庫全書總目提要》主之。《四庫提要・五經總義類》附錄《古微書》云：

> 考劉向《七略》，不著緯書。然民間私相傳習，則自秦以來有之。非惟盧生所上見《史記・秦本紀》；即呂不韋〈十二月紀〉稱某令失則某災至，伏生〈洪範五行傳〉稱某事失則某徵見，皆讖緯之說也。《漢書・儒林傳》稱孟喜得《易》家候陰陽災變書，尤其明證。荀爽謂起自哀、平，據其盛行之日言之耳。

《提要》以爲《史記・秦本紀》已出現緯書，其後民間相互傳習，至西漢哀、平時乃盛行，其後王莽據之以篡位，光武據之而中興，正見其流傳已久，能深得人心之證，故以此說較爲近似。

追本溯源，讖緯思想之來源，發源於騶衍及燕齊海上方士（見陳槃先生〈讖緯溯原〉）。騶衍之學說，最早列於陰陽家。據《漢書・藝文志》於陰陽名下，列有二十一家，三百六十九篇。其中有《騶子》四十九篇，《騶子終始》五十六篇。可見騶衍當時即以「終始」之說，聞名於齊、梁、趙、燕等國，使諸侯擁篲先驅，請列弟子之座而受業（《史記・卷七十四・孟荀列傳》）。騶衍，齊人，時代在孟子後，其學說據〈孟荀列傳〉云：

> 騶衍睹有國者益淫侈，不能尚德，若〈大雅〉整之於身，施及黎庶矣。乃深觀陰陽消息而作怪迂之變，《終始》、《大聖》之篇，十餘萬言。其語閎大不經，必先驗小物，推而大之，至於無垠。先序今以上至黃帝，學者所共術，大並世盛衰，因載其禨祥度制，推而遠之，至天地未生，窈冥不可考而原也。先列中國名山大川，通谷禽獸，水土所殖，物類所珍，因而推之，及海外人之所不能睹。稱引天地剖判以來，五德轉移，治各有宜，而符應若兹。……其術皆此類也。然要其歸，必止乎仁義節儉，君臣上下六親之施始也濫耳。王公大人初見其術，懼然顧化，其後不能行之。

騶衍之書今已不存，今僅能依此篇所言，而作討論：

　　其一：騶氏以儒家倫理爲本，主張尙德。觀其終，乃歸於「仁義節儉，君臣上下六親之施」，仁義道德、倫理次序，本爲儒家所注重，而《史記・孟荀列傳》亦將其列於孟子後，其云：「孟軻乃述唐虞三代之德，是以所如者不合，退而與萬章之徒，序《詩》、《書》，述仲尼之意，作《孟子》七篇。其後有騶子之屬，齊有三騶子，其前騶忌，先孟子。其次騶衍，後孟子。」故可知騶氏亦爲儒家者流，系統分明，思想一致。

　　其二：騶氏學說，以驗爲要，以深觀陰陽消息爲法。騶衍之本意，乃在推其機祥度制之因，加之以深觀之工夫，而以應驗爲主要目的。其云「必先驗小物，推而大之，至於無垠」，即就當前之果，上推未來之因，可至萬物之原，天地未生之時，故其言玄遠，眞可謂「閎大不經」。究其原，乃爲「陰陽家」之理論與方法。據《史記・卷一百三十・自序》引〈六家要旨〉：

> 嘗竊觀陰陽之術，大祥而眾忌諱，使人拘而多所畏。然其序四時之大順，不可失也。……夫陰陽四時、八位（八卦之位也）、十二度、二十四節，各有教令，順之者昌，逆之者不死則亡。未必然也，故曰「使人拘而多畏」。夫春生夏長，秋收冬藏，此天道之大經也，弗順則無以爲天下綱紀，故曰「四時之大順，不可失也」。

所謂陰陽之術，依《呂氏春秋・十二月紀》、《禮記・月令》所云，與司馬談較爲近似。其既播五行於四時，且於四時分置立春、春分、立夏、夏至、立秋、秋分、立冬、冬至八位；又區分十二月，每月分前後二節，恰是二十四節，然後於每節詳列教令，每月教令之末，記載順令之休徵與逆令之災咎，亦即司馬談所謂「順之者生，逆之者不死則亡」之意。騶氏所謂「深觀陰陽消息而作怪迂之變」，即對此而言。「陰陽」指天道變化而言，「消息」謂陰陽之生死或興廢。其既承繼陰陽之術，對於四時天道運轉之消息與教令，皆作「深觀」之工夫，故創五德終始說，以警惕人君，使其去淫佚，知尙德，而歸節儉。

　　其三：五德終始說。《史記・孟荀列傳》載其著終始大聖之篇，而〈封禪書〉云：「騶衍以陰陽主運，顯於諸侯」，又謂騶子之徒論著「終始五德之運」。所謂主運，《集解》引如淳曰：「今其書有主運，五行相次轉用事，隨方面爲服。」所謂「終始五德之運」，崔駰亦引如淳曰：「五德各以所勝爲行，秦謂周爲火德，滅火者水，故自謂水德。」前者是序四時之更迭，稱爲「小終始」，後者是論朝代之更迭，所謂「大聖」，司馬遷〈秦楚之際月表〉以受命之天子

稱之。衍乃根據五行相勝，互相生尅，推演爲五德終始，而創爲帝王更迭之循環說，稱爲「大終始」。大終始是順著土、木、金、火、水之次序作循環轉移；小終始則順木、火、土、金、水之次序轉移，前者據「相勝」原理，後者據「相生」原理。王夢鷗先生〈鄒衍遺說考〉云：

> 我們認爲鄒衍之最大的創說，是把古已有之陰陽與五行兩種觀念合而爲一，使它成爲宇宙諸現象的原動力。根據這原動力，在他一生至少寫過兩部書：一是小型的，五行之一年一周的終始；一是大型的，五行之從天地剖判以來，一朝一代的終始。

此種五德轉移之天談，其意正在以異說警時君，使其知主運可移而威勢難恃，故諸侯初見其術，「懼然顧化」，正可說明「怪迂之變」之所由。然其說後不能行之，致使後人諱談其術。今可見兩漢人所評，如「熒惑諸侯」（桓寬《鹽鐵論·論鄒篇》）、「匹夫作怪」（王充《論衡·寒溫篇》），正見鄒衍之毀多於譽。

　　讖緯思想源於鄒衍，始成爲有系統之學說，其後將此學發揚光大，而大量創作者，則爲燕、齊之方士。《史記·卷二十八·封禪書》云：

> 鄒衍以陰陽主運，顯於諸侯，而燕、齊海上之方士傳其術，不能通；然則怪迂阿諛苟合之徒自此興，不可勝數也。

鄒衍既爲儒家者流，談陰陽主運之學，而能顯名當世，使諸侯擁彗前驅，待以不次之位。而鄒本齊人，齊學得鄒衍而成一系統之學，盛極一時，燕、齊方士自樂傳其術，剽襲其書，託爲圖讖，著成其書，然其實皆脫胎於鄒書。陳槃先生曾對方士之思想、性行，作極深刻之闡述，〈戰國秦漢間方士考論〉：

> 方士之思想、性行，綜而論之，特異之點，厥有五端：一者，雜學；二者，以儒學文飾；三者，游「方」與「阿諛苟合」；四者，侈言實驗，不離「怪迂」；五者，詐僞是也。讖緯者，則方士詐僞成績之大結集也。

方士爲獲尊顯，其思想不離鄒氏之「怪迂」駁雜，性行則以詐僞爲出發點而不惜「阿諛苟合」，並以儒學文飾於外，自是方士與儒相雜，終兩漢不變。夏曾佑謂秦博士即方士，〔註 1〕今考《史記·秦始皇本紀》，述始皇語，謂悉召文學方術士甚眾，欲以興太平，方士欲諫以求奇藥，扶蘇言諸生皆誦法孔子。可知方士之「儒學其外，術士其內」之本質。

〔註 1〕劉師培《左盦集》卷三，頁 13。

　　以今所知，中國歷史上第一部圖讖之書，乃爲《呂氏春秋》所載之「綠圖」，見《呂氏春秋・觀表篇》：

　　　　人亦有徵，事與國皆有徵。聖人上知千歲，下知千歲，非意之也，

　　　　蓋有自云也。綠圖幡薄，從此生矣。

《呂氏春秋》成書於始皇八年（見呂書〈序〉）。「綠圖」之詭爲隱語，預言過去未來，正不離方士預言之本質，故爲方士託聖人預言之讖書。其後〈秦本紀〉云：「亡秦者胡也」，〔註2〕「明年祖龍死」，〔註3〕《史記・趙世家》云：「秦讖於是出」，〔註4〕皆讖文。由讖書之不斷出現，可知經過方士之不斷發揮創造，已西流入于秦朝，正式由始皇所接受。《史記・卷二十八・封禪書》云：

　　　　自齊威、宣之時，騶子之徒，論著終始五德之運，及秦帝而齊人奏

　　　　之，故始皇采用之。

是以秦人學術，部份已接受騶衍學說。始皇推騶衍「終始五德之傳」，以秦爲水德，代周之火德；其色尚黑，名河曰德水，以爲水德之始，而事皆決于法，刻削毋仁恩和義，然後合五德之數（《史記・卷六・始皇本紀》）。此處明載「騶子之徒」，始皇既用水德，然而「事決于法」，而取消騶說「歸於仁義」，故其雖接受騶子學說，實則已作若干修正，而非原貌。

　　總而言之，讖緯學實淵源於騶衍，而大量創造並發揚光大則爲燕、齊方士，至《呂氏春秋》最早之讖書「綠圖」終告出現，其後有秦一代方士化之儒生又續造讖書，始皇依之改用水德之運，自是在朝在野，怪迂阿諛苟合之徒大興，傳至漢世，至有三百餘篇，然此些篇數，皆爲鄒子學說之化身變象，眞正與經學發生關係，則必至西漢。

〔註2〕《史記・卷六・秦始皇本紀》：「燕人盧生使入海還，以鬼神事因奏錄圖書曰：『亡秦者胡也』。始皇乃使將軍蒙恬發兵三十萬人北擊胡，略取河南地。」裴駰《集解》「鄭玄曰：胡，胡亥，秦二世名也。秦見圖書，不知此爲人名，反備北胡。」

〔註3〕《史記・卷六・秦始皇本紀》：「使者從關東夜過華陰平舒道，有人持璧遮使者曰：『爲吾遺滈池君』。因言曰：『今年祖龍死』。使者問其故，因忽不見，置其璧去。」裴駰《集解》「蘇林曰：祖，始也；龍，人君象；謂始皇也。」

〔註4〕《史記・卷四十三・趙世家》：「趙簡子疾，五日不知人，大夫皆懼。醫扁鵲視之。出，董安于問。扁鵲曰：血脈治也，而何怪。在昔秦繆公嘗如此，七日而寤。寤之日，告公孫支與子輿曰：我之帝所，甚樂。吾所以久者，適有學也。帝告我：晉國將大亂，五世不安。其後將霸，未老而死。霸者之子，且令而國男女無別。公孫支書而藏之。秦讖於是出矣。」

第二節 讖緯學之儒化

學術思想之雜揉，司馬談在其〈論六家要旨〉已經指出：

> 道家……其為術也，因陰陽之大順，采儒墨之善，撮名法之要。（《史記》卷一百三十）

《漢書·卷三十·藝文志》云：

> 儒家者流，蓋出於司徒之官。助人君，順陰陽，明教化者也。

儒、道二家，漢初已混入陰陽家之說，漸為學者所接受。然而陰陽家與經學之混合，則必至西漢武帝之「罷黜百家，獨尊儒術」。陰陽家與經學糅合之因，推原其故，約有數端：

其一：儒者尊君與方士長生不死之術，皆為君主所喜。夏曾佑《中國歷史》云：

> 儒者尊君；君者，王者之所喜也。方士長生；生者，亦王者之所喜也。二者既同為王者之所喜，則其勢必相妒；於是各盜敵之長技，以謀獨擅，而二家之糅合成焉。

秦皇、漢武之求仙，為史上著名。秦皇之博士，實亦為方士化之儒生。武帝尤篤信之，天下懷協道藝之士，莫不負策抵掌，順風而屆焉。史載元封元年（西元前 110 年），行禮祠八神，「齊人之上疏言神怪奇方者以萬數」。求仙必本於祀神，祀神即所以求仙，而古代祀神之典，咸見於儒書，故必用儒生，儒生與方士於焉糅合。

其二：《六經》中之《易》、《書》、《春秋》、《禮》，本能與方士附合。《易》之占卜、《書》之〈洪範五行〉、《春秋》之災異、《禮》之重祭祀，皆與方士息息相關。秦漢間方士剽取騶書而為《河圖》，既有《河圖》，又比附《洛書》，其後又「緣飾以儒術」，於是《易》、《書》、《詩》、《禮》、《春秋》等讖緯出焉。桓譚《新論》：

> 讖出《河圖》、《洛書》，後人妄復增加依託，稱是孔丘。

故經書既經方士之增加依託，促使經書神秘化，二者更趨糅合。

首將儒家與陰陽家兩種學說合併，則為武帝時董仲舒。仲舒承戰國儒家之天人相應說，又鑒於法家過於尊君，形成秦始皇之專權，乃以災異符命戒懼人主，使之自歛，不復為縱恣專橫之事，易言之，即以天權限制君權。漢代君權之大，《後漢書·卷八十二上·順帝紀》云：「朕能生君，能殺君，能貴君，能賤君，能富君，能貧君。」君尊臣卑，固為當時人之思想，而仲舒

乃借天權以監人主。董氏在其《春秋繁露・玉杯篇》云：

> 《春秋》之法，以人隨君，以君隨天……故屈民而伸君，屈君而伸
> 天，《春秋》之大義也。

而此種天權對於君權之限制有二：一曰予奪國祚。二曰監督政事。〔註5〕前者
爲革命受命之理論，後者爲災異譴告之理論。董子〈賢良對策〉云：

> 臣謹案《春秋》之中，視前世已行之事，以觀天人相與之際，其可
> 畏也。國家將有失道之敗，而天乃出災害以譴告之。不知自省，又
> 出怪異以警懼之。尚不知變，而傷敗乃至。以此見天心之仁愛人君
> 而欲止其亂也。

蓋王者受命非一姓，順天者昌，逆天者亡。君主雖尊無所黜，而其廢興存亡，
則繫於天心。天心之表示在乎民意。故《春秋繁露》第二十五篇又云：

> 天之生民非爲王也，而天立王以爲民也。故其德足以安樂民者，天
> 予之；其惡足以賊害民者，天奪之。

民意之得失即由天心顯示，天心是仁愛而不言，行天心是先王之制，宣天心
是聖賢之言，人君不可違天心，失經義，如此便將天意與經義加以結合，而
成漢人通行之「天人會通」之學。

　　董仲舒，齊人。其既倡天人會通之學，齊學由是昌盛。茲分四端言之：
仲舒之前，漢初七十年爲道家極盛時期，齊學之陰陽家，遂與道家相緣附，
而形成道家、齊學之盛行時期。仲舒之後，齊學陰陽家思想與儒家經學結合，
而形成災異學之盛行時期。《漢書・卷二十七・五行志》云：

> 漢興，承秦滅學之後，景武之世，董仲舒治《公羊春秋》，始推陰陽
> 爲儒者宗。

董氏以齊學與儒學結合，儒生漸趨方士化，而形成方士化之儒生，自是儒家
之經典，漸易爲圖錄讖緯。此其一。

　　董氏之後，齊學尤盛，《五經》皆有齊學。皮錫瑞〈經學極盛時代〉云：

> 漢有一種天人之學，而齊學尤盛。《伏傳》五行，《齊詩》五際，《公
> 羊春秋》多言災異，皆齊學也。《易》有象數占驗，《禮》有明堂陰
> 陽，不盡齊學，而其旨略同。

《五經》之中，咸有陰陽家之言，證之以史實，如京房傳《易》學于焦延壽，
焦著有《焦氏易林》，而京亦作有《易》注，此陰陽家言之參入《周易》者也。

〔註5〕蕭公權《中國哲學思想論集・兩漢篇》「董仲舒」，頁69。

劉向之說《尙書》也，作〈洪範五行傳〉，《漢書・五行志》多引之，此陰陽家言之參入《尙書》者也。翼奉治《齊詩》，發明五際六情之說，見《漢書》列傳，此陰陽家言之參入《詩經》者也。董仲舒作《春秋繁露》，喜言災異，厥後眭孟之徒踵之，悉以天變驗人事，此陰陽家言之參入《春秋》者也。公玉帶之言明堂，兒寬之言封禪，此陰陽家言之參入《禮經》者也。〔註6〕可知《易》、《書》、《詩》、《春秋》、《禮》五經，皆雜有陰陽家之言。又漢自經學成爲利祿之途，學者於災異陰陽之學幾有所習染，即如反災異之王充，於其《論衡》一書中，諸如〈亂龍篇〉、〈講瑞篇〉、〈指瑞篇〉、〈是應篇〉、〈宣漢篇〉等，皆含有濃厚之陰陽色彩，故知齊學自董仲舒提倡以來，天下學者皆爲之披靡。此其二。

齊學之陰陽五行學說盛行，觀仲舒所著《春秋繁露》一書中，關乎此者，即佔二十三篇，幾爲全篇之大半。《漢書・藝文志》所列書目，陰陽五行即佔有四分之一以上。如「諸子略」中之陰陽家；「兵書略」之兵陰陽，「數術略」之天文、五行、著龜、雜占；「方技略」中之房中、神僊等，此些學說，無形上造成學術界之混亂，其說又專依古人或孔子以自重，與原來儒家學說之面貌，相去日遠，而自成一「怪特」之學。此其三。

推陰陽以言災異，自董仲舒爲儒者所宗，其後學者如夏侯始昌、眭孟、夏侯勝、京房、翼奉、劉向、谷永、李尋、田終術等人，皆以其學承其餘緒。《漢書・卷七十五・眭兩夏侯京翼李傳・贊》：

> 漢興，推陰陽言災異者，孝武時有董仲舒、夏侯始昌。昭、宣則眭孟、夏侯勝。元、成則京房、翼奉、劉向、谷永。哀、平則李尋、田終術。此其納說時君著明者也。察其所言，彷彿一端；假經設誼，依託象類，或不免乎「億則屢中」。仲舒下吏，夏侯囚執，眭孟誅戮，李尋流放，此學者之大戒也。京房區區，不量淺深，危言刺譏，構怨彊臣，罪辜不旋踵，亦不密以失身，悲夫！

自武帝以後，經昭宣、元成、哀平，而此風益增。其人以災異推之人，人亦以災異推之。故仲舒以言天災下獄，眭孟以言天道被誅，其餘多因此學而罹罪辜。觀漢制多以災異策免三公，而學者論政，率本災異。帝王常詔以陰陽災異，使學者以經術對之，故在無形中促使其說之推廣。災異雖涉荒誕，然其時學者往往以能預見其禍而信之者，亦一時風尚所趨也。班氏言：「假經設

〔註6〕劉師培《國學發微》，頁8。

誼，依託象類，或不免乎億則屢中」，可謂明白指出其投機心理。而「善言古者，必有驗於今；善言天者，必有驗於人」，（註7）仰瞻俯察，參諸人事，禍福吉凶應之，引之教義，亦有著明。如此本天文以推人事，謂有占驗。每一變必驗一事，歷指將來，有昭然不爽者。此正是董仲舒所遍撒之普遍迷信風氣，此其四。

董仲舒以後，儒者喜陳天人之說，中葉侈言災異，昭宣以後，漸倡讖緯符命之論，由災異進而爲符命，遂爲王莽代漢之資。符命爲天降祥瑞以爲受命之徵驗，亦讖緯之類也。《後漢書·光武帝紀》注：「讖，符命之書。」莽之代漢，有四十八萬七千五百七十二人頌其功德勸進，其中不乏碩學通儒之士，雖難免有覬寵競媚之譏，然讖緯既爲天下所接受，亦一時風尚所趨也。莽既以符命簒漢，始建國元年（西元9年），頒符命四十二篇於天下，「其文《爾雅》依託，皆爲作說，大歸言莽當代漢有天下云」（《漢書》卷九十九中），由此可證明符命乃爲當時人私意製造之產物。其後符命愈多，皆競相爭爲符命以希利祿，其不爲者相戲曰：「獨無天帝除書乎？」符命之眞相，於此可見一斑。

王莽末年，漢家當再受命之說又起，汝南郅惲，仰占玄象，以爲漢必再受命，乃上書王莽「神器有命，不可虛獲，……取之於天，還之於天，可謂知命矣。」莽大怒，以其據「經讖」，難即害之（《後漢書》卷廿九）。而莽本以經讖得天下，故難以罪惲，竟得免死。「取之於天，還之於天」之思想，爲董仲舒《公羊春秋》一派通三統之學說，大抵主張天人相應，政治教化當隨時變革，而此「變法」與「讓賢」論，經昭宣元成以來，學者不斷提出討論。哀平之際，漢運中衰之說入人已深，莽因之得位。其後政治大亂，人心思漢，造讖者又造出「漢家當更受命」之語，劉歆以「圖讖言劉秀當爲天子」（《後漢書·卷十五·鄧晨傳》），遂於建平元年改名爲秀，以應其驗。可見讖緯由於政治原因，其書常有政治預言與政治批評，漢家因其有受命之文而信之；一般學者則以其有政治批評而用之，此爲其所以興盛之故也。

光武起事，由於李通所說圖讖之「劉氏復起，李氏爲輔」。其即位則決於同舍生彊華所進之赤伏符。其他如道士西門君惠、李守，亦云劉秀當爲天子（皆見《後漢書·光武帝紀》）。光武於是起兵，終應符讖而爲天子。於其身也，尤信讖緯，史載光武建武六年，在軍中「猶以餘閒講經藝，發圖讖」。建武十七年，帝以日食，「避正殿，讀圖讖。多御坐廡下淺露中，風發疾苦眩甚」

〔註7〕荀悅《後漢記》卷十八，華嶠曰。

（《東觀漢記》卷一）。桓譚謂其「窮折方士黃白之術，聽納讖記」（《後漢書‧卷廿八‧桓譚傳》）。中元元年（西元 56 年），宣布圖讖於天下。其以圖讖為學者，謂之內學。內學者，秘密之學也。《後漢書‧卷八十二‧方術列傳‧序》云：

> 王莽矯用符命，及光武尤信讖言，士之赴趣時宜者，皆聘馳穿鑿之
> 也。……自是習為內學，尚奇文，貴異數，不乏於時矣。

儒者既以七緯為內學，則六經為外學，學者說經多雜讖緯之說，其地位實已超乎經學矣。其後明、章二帝祖述之。《東觀漢紀‧明帝紀》：「帝尤垂意經學，刪定擬議，稽合圖讖。」《東漢會要》：「肅宗即位，有司言孝明皇帝聰明淵塞，著在圖讖。」《後漢書‧卷五十九‧張衡傳》：

> 初，光武善讖，及顯宗、肅宗因祖述焉。自中興以後，儒者爭學圖
> 緯。

讖緯經三帝之提倡，上行下效，儒者爭學之，觀其上書奏事，往往多引讖緯，如謝弼引《援神契》、〔註8〕郎顗引《詩氾歷樞》、《孝經鉤命決》、〔註9〕張純引《樂動聲儀》、〔註10〕楊賜引《春秋讖》〔註11〕等，可見東漢學者之重視。而帝王尤重之，舉凡即位、用人、立政、正經義、定禮樂，皆以之為據，茲說明於下：

（一）即位：光武以赤伏符所云「劉秀發兵捕不道，卯金修德為天子」，故於建武元年（西元 25 年）改元即位（《後漢書‧卷一上‧光武帝紀》）。

（二）用人：光武以赤伏符有「王梁主衛作玄武」之文，以野王令王梁為大司空，又以讖文拜孫咸為大司馬。《後漢書‧方術列傳》云：「王梁、孫咸，名應圖籙，越登槐鼎之任。賈逵以附同稱顯，鄭興、桓譚、尹敏以乖忤淪敗」。〔註12〕此據讖書以用人也。

〔註8〕《後漢書》卷五十七，時青蛇見前殿，大風拔木，詔公卿以下陳得失。謝弼上封事引《援神契》曰：「天子行孝，四夷和平。」

〔註9〕《後漢書》卷三十下，郎顗上奏書引《詩氾歷樞》：「卯酉為革政，午亥為革命，神在天門，出入候聽。」又上書薦黃瓊、李固，并陳消災之術，並引《孝經鉤命決》：「歲星守心年穀豐」。

〔註10〕《後漢書》卷三十五，張純奏上宜封禪引《樂動聲儀》曰：「以雅治人，風成於頌。」

〔註11〕《後漢書》卷五十四，時青虹見玉堂後殿庭中，楊賜乃書奏引《春秋讖》曰：「天投蜺，天下怨，海內亂。」

〔註12〕《後漢書》卷八十二、《資治通鑑‧漢紀》三十二作孫咸，《後漢紀》卷三作

（三）立政：茲分立辟雍、封禪、定樂、制禮述之。張純案七經讖請立辟雍（《後漢書》卷三十五）。光武以《河圖》會昌符「赤劉之九，會命岱宗。不慎克用，何益於承？誠善用之，姦僞不萌」，感此文而封禪，其後又立明堂、靈臺、辟雍，宣布圖讖於天下（《後漢書》卷八、《陶輯東觀漢記》卷上）。明帝時，曹充據《河圖括地象》、《尚書璇璣鈐》，改郊廟樂曰大予樂，樂官曰大予樂官，以應圖讖（《後漢書》卷三十五、《東觀漢記》卷二）。其子曹襃於章帝時受命制禮，襃「依準舊典，雜以五經、讖記之文，撰次天子至於庶人冠、婚、吉、凶終始制度，以爲百五十篇。」（《後漢書》卷三十五）和帝時，張奮上疏「漢當改作禮樂，圖書著明，謹條禮樂異議三事，願下有司，以時考定」（《後漢書》卷卅五），可見東漢依圖讖立政也。

（四）正五經：明帝永平元年（西元 58 年），與公卿雜定郊祠禮儀，以讖記正《五經》異說（《後漢書》卷三十二、《書鈔》卷六十一）。《隋書·經籍志》云：「光武以圖讖興，遂盛行於世。詔東平王蒼（光武子）正《五經》章句，皆命從讖。俗儒趨時，益爲其學，篇卷第目，轉相增廣。言《五經》者，皆憑讖爲說。」光武建武初，以《詩經》博士薛漢與南陽伊敏，令校圖讖（《後漢書》卷七十九）。或以經校圖讖，或以讖記正經學，緯書之地位，其勢益增。此外如明帝時，沛獻王輔，好經書，論集經傳圖讖，作《五經通論》（《東觀漢記》卷七、《後漢書》卷四十二）。章帝建初四年，諸儒所輯《白虎通》一書，屢引讖說，正可說明今文內學之普遍。而東漢圖書祕記，不附六藝之外，亦可說明其時「以緯儷經」之事實。

（五）定律曆：章帝行四分曆詔，多引讖文，如《河圖》、《尚書璇璣鈐》、《帝命驗》、《春秋乾圖》等。安帝延光年間，又以圖讖正律曆（《續漢書·律曆中》）。此以讖書定律曆也。

故光武以讖緯受命以來，用人行政，悉惟讖緯之是從。於是《六經》皆有緯書，讖以輔緯，進而以緯正經，競爲風尚。明、章祖述其意，未敢擯毀，流風所趨，遂習而不返。

綜而言之，讖緯之儒化，始於西漢武帝之「罷黜百家，獨尊儒術」。董仲舒承戰國儒家天人相應之說，首「推陰陽爲儒者宗」，將經學與陰陽家糅合，而圖以天權限制君權，天意與經義既經結合，而成漢人通行之「天人之學」。其後學

孫臧，未知孰是。《後漢書·方術列傳》云：「鄭興、賈逵，以附同稱顯」。案興傳，以不善讖故不能任，此附同稱顯與傳異，今特正之。

者如夏侯始昌、眭孟、夏侯勝等人承其餘緒，昭、宣以後，漸倡讖緯符命之瑞，遂為王莽代漢之資，光武因之而中興，並宣布圖讖於天下。西漢侈言災異，說經者亦著災異之書；東漢崇尚讖緯，說經者亦雜緯書之說。自是習為內學，君主據之用事，致使附同讖緯者稱顯，乖忤者淪敗，其地位遂超乎經學矣。

第三節　讖緯學之王道德教思想

東漢是讖緯學盛行之時期，光武、明、章，篤信斯術而不疑，學者比肩，皆假託先民，偽造支離怪誕之說，以疑誤後世。《漢書・卷七十五・李尋傳》：「五經六緯。」《後漢書・卷八十二・樊英傳》：「善風角、星算，河洛七緯，推步災異。」所謂「七緯」，即指《易》、《書》、《詩》、《禮》、《樂》、《春秋》、《孝經》而言，今據〈樊英傳〉注，述之如下：

  （一）《易緯》六：《稽覽圖》、《乾鑿度》、《坤靈圖》、《通卦驗》、《是類謀》、《辨終備》。

  （二）《書緯》五：《璇璣鈐》、《考靈曜》、《刑德放》、《帝命驗》、《運期授》。

  （三）《詩緯》三：《推度災》、《記歷樞》、《含神務》。

  （四）《禮緯》三：《含文嘉》、《稽命徵》、《斗威儀》。

  （五）《樂緯》三：《動聲儀》、《稽耀嘉》、《汁圖徵》。

  （六）《孝經緯》二：《援神契》、《鉤命決》。

  （七）《春秋緯》十三：《演孔圖》、《元命包》、《文耀鉤》、《運斗樞》、《感精符》、《合誠圖》、《考異郵》、《保乾圖》、《漢含孳》、《佑助期》、《握誠圖》、《潛潭包》、《說題辭》。

計七種，卅五篇。王應麟謂：「又有《尚書中候》、《論語讖》，在《七緯》之外。」《隋書・經籍志》則謂有「《七經緯》卅六篇」，又謂：「又有《尚書中候》、《洛罪級》、《五行傳》；《詩推度災》、《氾歷樞》、《含神務》；《孝經勾命決》、《援神契》；雜讖等書。」其中《詩緯》三篇、《孝經緯》二篇，《隋志》附於《七經緯》卅六篇之外，而李賢注則入於卅五篇之中，可見其間分類之去取，率以己意為準。此外如《太平御覽・總目》內，又有《書緯帝驗期》、《禮緯稽命曜》、《春秋緯命歷序》、《孝經緯左方契》、《威嬉拒》等，為《七緯》所無（萬蔚亭《困學紀聞集證》卷八下）。由上可知《七緯》中，以《春

秋》最多、《易經》次之。《春秋》緯書之居多，鄭玄謂：「《公羊》長於讖」，何休謂其「多非常異義可怪之論」，因其易於附會，故篇數最多，內容亦最廣。

　　從緯書篇目之怪誕，可以想見其內容之大概。然《七緯》與《六經》既並稱內、外學，則二者必互相影響，讖緯之中亦不乏儒家思想之產物，茲從三綱名教與重德輕刑二端，分別討論。

一、三綱名教之建立

　　三綱之說，出於《禮緯・含文嘉》：

　　　　三綱謂君為臣綱，父為子綱，夫為妻綱。

其實漢人最早提出「三綱」之說者，當推西漢董仲舒。《春秋繁露・基義・第五十三》云：

　　　　是故仁義制度之數，盡取之天。天為君而覆露之，地為臣而持載之。
　　　　陽為夫而生之，陰為婦而助之。春為父而生之，夏為子而養之，秋
　　　　為死而棺之，冬為痛而喪之；王道之三綱可求於天。

此處董氏以陰陽之道建立「三綱」之社會倫理，意謂君臣、夫婦、父子當各盡其分而言。其〈順命〉第七十又云：

　　　　天子受命於天，諸侯受命於天子。子受命於父，臣妾受命於君。妻
　　　　受命於夫。諸所受命者，其尊皆天也，雖謂受命於天亦可。

先秦儒家原為相對性之倫理，至此乃轉變為絕對性之倫理。「尊者取尊號，卑者取卑號」（〈順命篇〉），如此一來，尊卑之倫常綱紀，界域趨於嚴恪。

　　其後章帝時，《白虎通》集「今學」之大成，其中有「三綱六紀」之說，可以代表當時人之看法。《白虎通》卷八：

　　　　三綱者，何謂也？謂君臣、父子、夫婦也。六紀者，謂諸父、兄弟、
　　　　族人、諸舅、師長、朋友也。

其次又對「三綱」之義加以解說：

　　　　君臣、父子、夫婦六人也，所以稱三綱何？一陰一陽謂之道。陽得
　　　　陰而成，陰得陽而序。陰柔相配，故六人為三綱。

其次又論「六紀」之義：

　　　　君臣者，何謂也？君、羣也，群下之所歸心也。臣者、繵堅也，屬
　　　　志自堅固也。……父子者，何謂也？父者、矩也，以法度教子也。
　　　　子者、孳也，孳孳無已也。……夫婦者，何謂也？夫者、扶也，以

道扶接也。婦者、服也，以禮屈服也。……朋友者，何謂也？朋者、
黨也。友者、有也。

三綱六紀之大義，爲名教所尊，董仲舒倡於前，《白虎通》成於後。其說實本
於《禮緯含文嘉》。《白虎通》又謂：

《含文嘉》曰：「君爲臣綱，父爲子綱，夫爲妻綱。」又曰：「敬諸
父兄，六紀道行。諸舅有義，族人有序，昆弟有親，師長有尊，朋
友有舊。」

三綱之說，既出於《禮緯》，可見緯書與儒家思想，實有密不可分之關係，而
形成東漢特殊之名教觀。東漢士風之重視倫常綱紀，可謂直接受其影響。三
綱之說除《禮緯》記載外，其他緯書亦多言之。如：

王者君臣、父子、夫婦，尊卑有別，則石生于澤。（《禮緯稽命徵》）

父子、君臣、夫婦，尊卑有別，鳳凰至飛翔盛於明堂。（仝上）

君臣之義生于金，父子之仁生于木，兄弟之序生于火，夫婦之別生
于水，朋友之信生于土。（《樂緯稽耀嘉》）

三綱之義，日爲君，月爲臣也。（《春秋緯感精符》）

三綱之義，乃著重在尊卑名份之確立。《白虎通・陰陽篇》：「子順父、妻順夫、
臣順君者何法？法地順天也。」其以爲此種絕對性之人倫綱紀，乃天經地義，
不容非議。東漢崇尚「孝」道，於此可得一應證。蓋父爲子綱，子之於父也，
事之以孝，乃爲當然之理。事親孝，故忠可移於君，是以求忠臣必於孝子之
門（《後漢書・卷二十六・韋彪傳》注引《孝經緯》），故知「父爲子綱」與「君
爲臣綱」，二綱之間，可以「孝」貫通之。

緯書之中，對於「孝」之闡揚尤多。如《春秋緯說題辭》：「孝經者，所
以明君父之尊，人道之素，天地開闢皆在孝。」《孝經緯左方契》：「天子孝，
天龍負圖，地龜出書，禾孽消滅，景雲出遊。」《春秋緯運斗樞》：「人主以不
孝仁之名侵犯大道，則豕生鹿。」於此，孝不僅爲儒家人倫修身之本，並可
提升爲人主治國之大道，重要性可知。緯書中，並對天子、諸侯、卿大夫、
士、庶人之行孝準則，作一番界域。《孝經緯援神契》：

天子之孝曰就，諸侯曰度，大夫曰譽，士曰究，庶人曰畜。

天子行孝曰就，言德被天下，澤及萬物，始終成就，榮其祖考也。

諸侯行孝曰度，言奉天子之法度，得不危溢，是榮其先祖也。

> 卿大夫行孝曰譽，蓋以聲譽爲義，謂言行布滿天下，能無怨惡，遐
> 邇稱譽，是榮親也。
>
> 士行孝曰究，以明審爲義，當須能明審資親事君之道，是能榮親也。
>
> 庶人行孝曰畜，以畜養爲義，言能躬耕力農，以畜其德，而養其親
> 也。

天子行孝在於德澤廣被天下，諸侯在於奉天子法度，卿大夫在於遐邇稱譽，士人在於明審資親事君，庶人在於畜德養親。各階級之行孝界域分明，不得逾越，否則即爲不孝。可見說讖說緯者，或爲逢迎君主，以取利祿，特造此說以利統治者之便。故朝廷自樂於提倡，學者趨之若鶩，形成讖緯學之極盛。而其時《孝經》爲士子必習之書。觀《後漢書・卷五十八・蓋勳傳》載宋梟云：

> 涼州寡於學術，故屢致反暴。今欲多寫《孝經》，令家家習之，庶或
> 使人知義。

明帝時，期門羽林介胄之士，悉通《孝經》（《後漢書・卷卅二・樊準傳》）。漢制每使天下皆講《孝經》，選吏舉孝廉，蓋以孝爲治國之本也。

《孝經》雖爲講孝，實爲勸忠，「孝慈」可移爲「忠君」，東漢有所謂「忠經」，乃馬融仿《孝經》而作。序云：

> 《忠經》者，蓋出於《孝經》也。仲尼説孝者所以事君之義，則知
> 孝者俟忠而成之。

「孝俟忠而成之」，則孝以忠爲本，不言而喻矣。觀東漢士風，郡吏之於太守，本有君臣名分。爲掾吏者，往往周旋於死生患難之間，其忠義精神，史籍班班。人君之於臣子，亦「唯忠是取」，此乃受《忠經》之影響。

「父爲子綱」、「君爲臣綱」已如上述。至若夫爲妻綱，觀《後漢書・列女傳》中，標榜賢妃、哲婦、高士、貞女四類人物。而朝廷亦屢下詔表貞婦，如《後漢書・卷五・安帝紀》有賑貧民表貞婦詔：

> 表貞女，所以順陽氣，崇生長也。……其賜貞婦有節義十斛，甄別
> 門閭，旌顯厥行。

朝廷既表婦德，故漢代婦女多重視名節，觀東漢之士風，母教亦爲重要之推動因素。和帝時，班昭作《女誡》七篇，有助內訓。其篇目：〈卑弱〉第一，〈夫婦〉第二，〈敬愼〉第三，〈婦行〉第四，〈專心〉第五，〈曲從〉第六，〈和叔妹〉第七（《後漢書》卷八十四），其中如：

> 夫不賢，則無以御婦；婦不賢，則無以事夫。(〈夫婦〉)
>
> 婦德、婦言、婦容、婦功，此四者，女人之大德，而不可乏之者也。
> (〈婦行〉)
>
> 禮，夫有再娶之義，婦無二適之文，故曰夫者天也。天固不可逃，
> 夫固不可離也。(〈專心〉)

七篇所作，不外闡明婦德之大義，與「夫爲妻綱」正不謀而合。由上可知東漢讖緯學三綱之說，對東漢倫常之建立，實有其重大之影響。

二、重德輕刑之立論

漢自高祖入關，雖言爲民除苛法，然肉刑、族刑、葅醢等酷刑仍存。其後文帝除肉刑，或代以笞，或代以棄市，實爲重刑政策。《後漢書·卷五十二·崔寔列傳》：

> 昔高祖令蕭何作九章之律，有夷三族之令，黥、劓、斬趾、斷舌、
> 梟首，故謂之具五刑。文帝雖除肉刑，當劓者笞三百，當斬左趾者
> 笞五百，當斬右趾者棄市。右趾者既殞其命，笞撻者往往至死，雖
> 有輕刑之名，其實殺也。……以此言之，文帝乃重刑，非輕之也；
> 以嚴致平，非以寬致平也。

《漢書·卷二十三·刑法志論》曰：

> 今郡國被刑而死者，歲以萬數，天下獄二千餘所，其冤死者多少相
> 覆，獄不減一人，此和氣所以未洽者也。原獄刑所以蕃若此者，禮
> 教不立，刑法不明，民多貧窮，豪桀務私，姦不輒得，獄犴不平之
> 所致也。

漢代刑法之繁複與殘酷，由此可知大概。此外如王溫舒有虎冠之吏，〔註13〕嚴延年受屠伯之名，〔註14〕《漢書》別立〈酷吏列傳〉，可以想見刑法之酷。

漢代學者既見刑法之酷，多主張「尚德不用刑」之說，其說始於賈誼之〈禮治論〉。《漢書·卷四十八·賈誼傳》：

> 夫禮者，禁於將然之前，而法者禁於已然之後。……刑罰積而民怨
> 背，禮義積而民和親。……道之以德教者，德教洽而民氣樂；毆之

〔註13〕 《漢書》卷九十：「王溫舒爲中尉，窮案姦猾，盡糜爛獄中。其爪牙吏，虎而
冠者也」。師古曰：「言其殘暴之甚也。」

〔註14〕 《漢書》卷九十：「嚴延年爲河南太守，所誅殺血流數里，河南號曰：『屠伯』。」

以法令者，法令極而民風衰。

其後董仲舒承之，亦主禮治而反法治。《漢書》卷五十六：

> 立大學以教於國，設庠序以化於邑，漸民以仁，摩民以誼，節民以
> 禮，故其刑罰甚輕而禁不犯者，教化行而習俗美也。

儒者以德教治國，主張以禮去刑，有其原理與方法。賈誼以後，大臣有罪皆自殺，不受刑，即所謂「刑不上大夫」。儒家以刑輔禮，即用刑之中亦含教化之意。

　　東漢自光武崇尚德政以來，百官從政，皆以德教為治。重德輕刑，形成東漢政教民俗之淳美，為歷代所不及。觀帝王之屢修刑制，使趨寬大，可知之矣。《後漢書‧光武紀》詔曰：

> 天地之性人為貴，其殺奴婢不得減罪。

殺奴一事，西漢有科其罪者，至光武，乃有明文定罪之舉。其後章帝時，郭躬乃條諸重文可從輕者四十一事奏之，事皆施行，著于令。陳寵又代郭躬為廷尉，帝納寵言，絕鉆鑽諸慘酷之科，解妖惡之禁，除文致（謂前人無罪，文飾致於法中也）之請讞五十餘事，定著于令。（《後漢書》卷四十六）漢律之大修改，實以郭躬、陳寵為最，亦象徵東漢帝王重德輕刑之決心與政策。緯書之中，亦多闡揚重德輕刑之儒家思想，今舉例如下，重德例：

> 王者德至於天，則日抱戴、斗極明、日月光、甘露降、黃氣抱日、
> 輔臣納忠。（《孝經緯援神契》）

> 政者正也，正德名以行道。（仝上）

> 王者錫命諸侯，皆如其德，則陰陽和、風雨時，其九星為鉤曲直。（《禮
> 緯含文嘉》）

> 君失德則地吐泉、魚銜兔。（《春秋緯元命苞》）

> 失德逆時，即薑有異辛而不臭。（《春秋緯運斗樞》）

輕刑例，《白虎通‧五刑篇》：「聖人治天下必有刑罰何？所以佐德助治助天之度也。故懸爵賞者，示有所勸也。設刑罰者，明有所懼也。」刑罰所以佐德，正為重德輕刑之註腳。緯書亦多言重刑之弊：

> 刑字從刀從井，井以飲人，人入井爭水，陷於泉，以刀守之，割其
> 情，欲人畏慎以全命也。故字從刀從井也。（《春秋緯元命苞》）

> 燁燁震電，不寧不令，此應刑政之太暴，故雷電驚人，使天下不安。

（《詩緯含神霧》）

　　五刑當輕，反重虐酷。忽月蝕消旣，行失繩墨，大水淫枯旱，其救
之也，惟敬五刑，以成三德。（《尚書緯刑德放》）

　　當赦而不赦，月爲之蝕。（仝上）

　　王者刑殺當罪，賞賜當功，得禮之儀，則醴泉出闕廷也。（《禮緯稽
命徵》）

由上可證，讖緯爲儒學與陰陽學會流下之產物，是以重德輕刑雖爲儒家所主
張，然說讖說經者，則融入陰陽家之思想，而形成讖緯學中特有之儒家思想，
並加以闡揚推展。綜言之，東漢之「重德輕刑」，實爲王道精神之積極表現。

第四節　東漢學者之附讖與非讖

一、附讖者

　　光武以圖讖興，明、章二帝祖述其意，並以緯正《五經》章句，其後言
《五經》者，皆憑讖爲說。以緯儷經，實始於東漢。自是學者無不兼習經書
與讖緯，今舉例述之如下：

人　別	習　經　讖　別	出　　處
姜　肱	博通五經，兼明星緯。	後漢書卷五十三
申屠蟠	博貫五經，兼明圖緯。	後漢書卷五十三
樊　英	習京氏易，兼明五經，以圖緯教授。	後漢書卷八十二上
韓　說	博通五經，尤善圖緯之學。	後漢書卷八十二下
劉　輔	善說京氏易、孝經、論語傳及圖讖，作五經論。	後漢書卷四十二
魏　朗	從博士卻仲信，學春秋圖緯，又詣太學，授五經。	後漢書卷六十七
任　安	受孟氏易，兼通數經，又從同郡楊厚學圖讖。	後漢書卷七十九
徐　稺	學嚴氏春秋、京氏易、歐陽尚書，兼綜風角、星官、筭歷、河圖、七緯。	後漢書卷五十三注引謝承書
景　鸞	能理齊詩、施氏易，兼授河洛圖緯。	後漢書卷七十九
廖　扶	習韓詩、歐陽尚書，尤明天文讖緯風角推步之術。	後漢書卷八十二上
公沙穆	習韓詩、公羊春秋，尤銳思河雒推步之術。	後漢書卷八十二下
薛　漢	世習韓詩，尤善說災異讖緯。	後漢書卷七十九
蘇　竟	以明易爲博士，善圖緯。	後漢書卷三十上

翟酺	四世傳詩，尤善圖緯、天文、歷算。著援神、鉤命解詁十二篇。	後漢書卷四十八
劉瑜	少好經學，尤善圖讖、天文、歷算之術。	後漢書卷五十七
尹珍	從汝南許慎、應奉受經書圖緯。	後漢書卷八十六
王輔	學公羊傳、援神契。	謝承後漢書卷六
郭鳳	博士，亦好圖讖。	後漢書卷八十二上
楊統	祖父春卿。善圖讖學，傳子統，作家法章句及內讖二卷。	後漢書卷三十上

由上表可知，姜肱、申屠蟠、樊英、韓說、劉輔，皆治讖緯兼習《五經》，其他或治數經而習讖緯，或爲博士而習讖緯，可見博士今學與讖緯內學，漸趨會流。蓋章句今學出於博士，博士爲官學，治章句者必媚上諛政。帝皇好圖讖，諸博士章句盡言圖讖，故有「章句內學」之稱，非章句內學則爲危身之道。連叢子〔註15〕云：

> 長彥頗隨時爲今學，季彥壹其家業，孔大夫昱謂季彥曰：「今朝廷以
> 下，四海之內，皆爲章句內學，而君獨治古義，治古義則不能不非
> 章句，非章句內學則危身之道也。」

圖讖既關乎身家性命，故學者多習之，然其中亦多媚上諛政之士，如朱浮自言：「臣幸得與講圖讖」。（《後漢書》卷三十三）賈逵雖爲古文學，亦附會圖讖，以博帝眷。其云：「《五經》家皆無以證圖讖明劉氏爲堯後者，而《左氏》獨有明文。」（《後漢書》卷三十六）其實賈逵本爲非讖者。〈張衡傳〉云：「往者侍中賈逵摘讖互異三十餘事，諸言讖者皆不能說。」（《後漢書》卷五十九）可見其不信讖，然爲立《左氏傳》，而不惜稱引讖緯，曲學阿世。

桓、靈之際，今文《公羊》大師何休，更大張「微言」，其注《公羊》，多引讖說。《公羊》解詁，乃讖緯學之最著者。其以西狩獲麟爲漢室受命之符，又附會種種怪論，以爲孔門之精義。讖緯至此，已爲怪迂議論之大成。《後漢書集解》引惠棟所云，載何休誦習讖緯。其引《拾遺記》云：

> 休木訥多智，三墳五典陰陽算術河洛讖緯及遠年古諺歷代圖籍，莫
> 不成誦也。（《後漢書》卷七十九）

今文經師習讖，自屬必然，而其時古文大師如許慎之《說文解字》，馬融之解經，亦多引讖緯。黃永武先生〈許慎之經學〉：

> 《說文·木部》：「欒，木似欄。从木、䜌聲。《禮》：天子樹松、諸

〔註15〕《後漢書·卷七十九·儒林傳》：「（孔）季彥守其家業」，《集解》引惠棟云。

侯柏、大夫欒、士楊。」所引乃《禮緯》之文。《白虎通·崩薨篇》
曰：「《含文嘉》曰：天子墳高三仞，樹以松。諸侯半之，樹以柏。
大夫八尺，樹以欒。士四尺，樹以槐。庶人無墳，樹以楊柳。」是
許引自《禮緯》之文。

李師威熊先生〈馬融與東漢經學〉：

> 〈洪範〉：「星有好風，星有好雨。」案：《史記集解》引馬曰：「箕
> 星好風，畢星好雨。」《詩正義》引《春秋緯》云：「月離于箕風揚
> 沙，則好風者箕也。」馬說「箕星好風」與《春秋緯》「好風者箕也」
> 同。

緯書既以配經立名，古文經師之援緯注經，亦為必然之事。故許慎先之，馬
融繼之，其後今、古文調和派大師鄭玄，且大注緯書，後世學者，莫不奉為
圭臬矣。鄭玄之習讖，見《後漢書·卷三十五·鄭玄傳》：

> 會融集諸生考論圖緯，聞玄善算，乃召見於樓上，玄因從質諸疑義，
> 問畢辭歸。

馬、鄭之習讖，此亦一證。〈玄傳〉又云：

> （玄）以書戒子益恩曰：「……遂博稽六藝，粗覽傳記，時覩祕書緯
> 術之奧。」……（獻帝建安）五年春，夢孔子告之曰：「起，起，今
> 年歲在辰，來年歲在巳。」既寤，以讖合之，知命當終，有頃寢疾。

鄭玄治學，博稽者六藝，粗覽者傳記，若緯術者，則為時覩矣，三者輕重判
然。及其死也，且以讖合之，則其信讖可謂深矣。玄又徧注緯書，舉凡《易》、
《書》、《詩》、《禮》、《樂》、《春秋》、《孝經》等，皆為之注，今據李雲光先
生鄭康成遺書考錄之如下：

> （一）《易緯》七：《易緯乾鑿度注》三卷、《易緯通卦驗注》三卷、《易
> 緯稽覽圖注》三卷、《易緯辨終備注》一卷、《易緯是類謀注》一
> 卷、《易緯乾元序制記注》一卷、《易緯坤靈圖注》一卷。
>
> （二）《尚書緯》六：《尚書緯璇璣鈐注》、《尚書緯考靈耀注》、《尚書緯
> 刑德放注》、《尚書緯帝命驗注》、《尚書緯運期授注》、《尚書中候
> 注》八卷。
>
> （三）《詩緯》一：《詩緯汎歷樞注》三卷。
>
> （四）《禮緯》四：《禮緯斗威儀注》、《禮緯含文嘉注》三卷、《禮緯稽命
> 徵注》、《禮記緯默房注》三卷。

（五）《樂緯》三：《樂緯動聲儀注》、《樂緯叶圖徵注》、《樂緯稽耀嘉》
　　　注。

（六）《春秋緯》二：《春秋緯元命苞注》、《春秋緯運斗樞注》。

（七）《孝經緯》二：《孝經緯援神契注》、《孝經緯鉤命決注》。

（八）《河圖》五：《河圖始開圖注》、《河圖稽耀鉤注》、《河圖錄運法注》、
　　　《河圖稽命徵注》、《河圖括地象注》。

（九）《雒書》二：《雒書甄耀度注》、《雒書靈準聽注》。

凡九類、卅二種。歷來注緯者，未有如是之偉也。然緯說之支離怪誕，後世
乃用是爲讖，如梁・許懋謂：「鄭玄有參柴之風，不能推尊正經，專信緯候之
書。」（《梁書》列傳第三十四）王應麟謂：「鄭康成釋經，以緯書亂之。」（《困
學紀聞》卷四）其以此爲鄭君詬病者，實未詳考東漢經學之流變也。東漢一
代，乃讖緯學之盛行時代，「世主以此論學」（范曄語），以經輔緯，以緯正經，
通儒如馬融、何休、鄭玄之倫，亦且爲之，況讖緯本身亦自有可取之處，所
謂「河洛之文，龜龍之圖，緯候之部，鈐決之符，皆所以探抽冥賾，參驗人
區，時有可聞者焉」（《後漢書》卷八十二，范曄語），若能兼而採之，亦端視
夫人運用之妙也。

二、非讖者

東漢儒者之所以附讖，自有其因。古人有云：「善言天者，必有驗於人。」
《中庸》云：「至誠之道，可以先知。」道術所以有補於時，後人所當取鑒者
也，然其敝在好巫，使人拘而多忌，故通儒碩生，忿其姦妄不經，以爲宜見
藏擯。袁宏《後漢紀》卷十八華嶠謂：

> 光武……甚信其書，鄭興以忤意見疎，桓譚以遠斥憂死。及明、章
> 二帝，祖述此意，故後世爭爲圖緯之學，以矯世取資。是以通儒賈
> 逵、馬融、張衡、朱穆、崔寔、荀爽之徒，忿其若此，奏皆以爲虛
> 妄不經，宜悉收藏之。

古文家多不信讖，其與今文家之信讖，適得其反，後人常以信讖與否爲今、
古學之區野。然大時代風氣所趨，東漢學者之不信讖，究爲少數。今述之如
下：

《後漢書・卷廿八・桓譚傳》：

> 是時，帝（光武）方信讖，多以決定嫌疑。……譚復上疏曰：「……

今諸巧慧小才伎數之人，增益圖書，矯稱讖記，以欺惑貪邪，註誤人主，焉可不抑遠之哉！臣譚伏聞陛下窮折方士黃白之術，甚為明矣；而乃欲聽納讖記，又何誤也？……」其後有詔，會議靈臺所處。帝謂譚曰：「吾欲讖決之，何如？」譚默然良久，曰：「臣不讀讖。」帝問其故。譚復極言讖之非經。帝大怒曰：「桓譚非聖無法，將下斬之。」譚叩頭流血。良久乃得解。

同書，卷三十六〈鄭興傳〉：

帝（光武）嘗問興郊祀事曰：「吾欲以讖斷之，何如？」興對曰：「臣不為讖。」帝怒曰：「卿之不為讖，非之邪？」興惶恐曰：「臣於書有所未學，而無所非也。」帝意乃解。興數言政事，……然以不善讖故不能任。

同書，卷七十九〈尹敏傳〉：

帝（光武）以敏博通經記，令校圖讖，使蠲去崔發所為王莽著錄次比。敏對曰：「讖書非聖人所作，其中多近鄙別字，頗類世俗之辭，恐疑誤後生。」帝不納。敏因其闕文增之曰：「君無口，為漢輔。」帝見而怪之，召敏問其故。敏對曰：「臣見前人增損圖書，敢不自量，竊幸萬一。」帝深非之，雖竟不罪，而亦以此沉滯。

光武以讖興郊祀、議靈臺，然桓譚極言讖之非經；鄭興對以不為讖；尹敏以讖書多近鄙別字，非聖人所作，甚至敢於增添讖文以示帝，可見其輕視態度。此三人皆治古學，不為章句，是以不信讖，然亦幾罹罪辜。其後順帝時，張衡公然上書請禁圖讖。《後漢書》卷五十九：

此皆欺世罔俗，以昧勢位，情偽較然，莫之糾禁。……宜收藏圖讖，一禁絕之，則朱紫無所眩，典籍無瑕玷矣。

張衡為史上首次上書請禁讖書者，然史上首次反讖之著則為荀爽之《辯讖》。其他如荀悅《申鑒·俗嫌篇》，亦辨其偽；〔註16〕王充〈實知篇〉，明其虛造；〔註17〕章帝時孔僖校書東觀，上言圖讖非聖人書（《後漢記》）。《華陽國志》

〔註16〕《荀悅·申鑒》云：「世稱緯書，仲尼之作也。臣悅叔父故司空爽辨之，蓋發其偽也。」

〔註17〕《論衡·實知篇》：「孔子將死，遺讖書曰：『不知何一男子，自謂秦始皇，上我之堂，踞我之牀，顛倒我衣裳，至沙邱而亡。』其後秦王兼吞天下，號始皇，巡狩至魯，觀孔子宅，乃至沙邱，道病而崩。又曰：『董仲舒，亂我書。』……此皆虛也。案神怪之言，皆在讖記，所表皆效圖書。」

卷十言楊充常言圖緯空說，去事希略，疑非聖等，此皆力斥讖緯之虛詭不經也。《文心雕龍·正緯篇》：

> 桓譚疾其虛偽，尹敏戲其深瑕，張衡發其僻謬，荀悅明其詭誕。

反讖者，有如上述，然終漢之世，讖緯之勢，未嘗稍衰，主要乃在於上意所好，下爭趨之，於是東京之士，波流風靡。無怪乎范曄云：「桓譚以不善讖流亡，鄭興以遜辭僅免，賈逵能附會文致，最差貴顯。世主以此論學，悲矣哉！」

第五節　讖緯學之衰微

東漢自光武宣布圖讖於天下，距順帝時，張衡上書禁讖，約莫七十餘年。其間之變化何其迅速，究其原因當推諸今學章句之衰微。

前第二章曾談及經學之陵替，當始於和帝。安帝時，太學淪為牧兒蕘豎薪刈之所，自是今文章句衰矣。章句衰而內學亦衰，蓋二者皆為朝廷所提倡，故亦相互影響。其次，東漢自和帝，已開外戚專權之始，其後宦官得勢，而演為末年戚、宦之禍，終至漢亡。政治不穩定，官學亦不受重視，士人常借災異有所諫諍，其時漢家將衰之預言又告產生。如翟酺言「漢四百年將有弱主閉門聽難之禍」（《後漢書》卷四十八），楊厚謂「陳漢三百五十年之厄，宜蠲法改憲之道。」（《後漢書》卷三十上）可見漢家歷運將衰之說，已為當時所認可，而緯書中亦出現新預言，如：

> 《春秋緯佐助期》：「漢以許昌失天下。」
>
> 《春秋緯漢合孳》：「漢以魏，魏以徵。」
>
> 《春秋緯玉版讖》：「代赤者魏公子。」
>
> 《孝經緯中黃讖》：「日載東絕，火光不橫，一聖聰明。」（「不橫一」
> 　　　　　　　　　者丕也。火光、炎漢也。）

朝廷此時之備受威脅，可以想見。然戚、宦專政，欲久其政以專其威，豈容此說擴延，故唯禁讖以援國祚。張衡之上書禁讖，並無光武時桓譚之幾罹罪戮，可見讖緯已趨轉變。而張衡雖主張反讖而亦為主方術者。其反讖，端在乎緯書之虛妄不實，毫無徵效可言，其謂：

> 律歷、卦候、九宮、風角、數有徵效，世莫肯學，而競稱不占之書
> （指緯）。……宜收藏圖讖，一禁絕之。（《後漢書》卷五十九）

然《後漢書·卷八十二·方術傳·序》：

至乃《河》、《洛》之文，龜龍之圖，箕子之術，師曠之書，緯候之部，鈴決之符，皆所以探抽冥賾，參驗人區，時有可聞者焉。其流又有風角、遁甲、七政……時亦有以效於事也。

范曄序方術而稱引讖緯，其效皆在徵驗，乃以讖緯爲方術之事矣。而張衡反讖而主方術，以方術有驗而圖緯不驗，於此可窺二者之差異與分離。又如楊厚，乃由圖讖而趨黃老，《後漢書》卷三十上：

厚曉讀圖書，粗識其意……每有災異，厚輒上消救之法，而閹宦專政，言不得信。……歸家，修黃老，教授門生，上名錄者三千餘人。

楊厚上言災異而不見信，正見讖緯之不受重視；其歸家修黃老，弟子達三千餘人，可見道家思想漸興，而學術將變。

東漢末年，張角、張道陵之徒，以符籙召鬼神，而託名老聃之說，是爲符籙派竄入道家之始。加以東漢方術大盛，范曄爲之別立〈方術列傳〉，其思想系統獨立於儒學之外，爲道教先聲。其後儒家與方士分離，方士與神術符籙相結合，至桓、靈之際，又與讖緯學之末流會通，而自立爲道教。夏曾祐《中國古代史》（第二篇六十二節）謂：

自此以來，上下分爲二派：國家官書，則仍守讖緯，東京大事，無不援五行災異之說以解決之，然視爲具文，不甚篤信。災異策免三公，不過外戚宦官排擠士夫之一捷法耳。太學清流，皆棄去讖緯之說，而別有所尚。桓、靈之際，黨錮諸公，致命遂志，固無一毫讖緯之餘習也。

綜言之，西漢由方士并入儒林，東漢再由儒林分爲方術，其後支流餘裔，乃衍爲張角之徒。

讖緯符命，既可授命，亦可移祚，故歷代帝王皆禁之，晉有泰始之禁，北魏有太和之禁，隋有開皇之禁。《隋書·卷二·文帝紀》詔曰：「私家不得隱藏緯候圖讖。」而煬帝即位，更大加摧殘，《隋書·經籍志》，載其焚讖之說：

煬帝即位，乃發使四出，搜天下書籍與讖緯相涉者，皆焚之。爲吏所糾者至死。自是無復其學，祕府之內，亦多散亡。

煬帝之焚讖，可謂徹底，自後讖緯殘佚，士人無復其學矣。

綜上觀之，讖緯之源，始於騶衍。讖緯之造作，則爲方士之剽襲其書，託爲圖讖。而讖緯之儒化，則緣於漢武帝之崇儒術而信方士。《史記·孔子世家》云：「自天子王侯，中國言六藝者，折中於夫子。」方士之傅會經義以要

世取資，當始於此。亦造成其時方士其內，儒家其外之現象。而董仲舒始推陰陽爲儒者宗，從陰陽之學中凸出孔氏六藝，自是陰陽五行之說，深入《五經》六藝之中，以陰陽災異說經之天人之學，成爲漢代經學之一大特色。揚子《法言》：「通天地人爲儒。」太史公謂「究天人之際，通古今之變」，正可代表學者天人會通之思想。此後，大而談一國之盛衰，小而言一家之興廢，莫不本諸災異，究其始，皆一於騶衍之遺說也。

董仲舒後，齊學盛昌，如夏侯始昌之《洪範五行傳》、京房之《易》、翼奉之《詩》，異說不斷滋演，遂大盛於哀、平之際。其後天人災異之學漸爲讖緯符命，王莽以井中白石有丹書「告安漢公莽爲皇帝」（《漢書》卷九十九）而即位。光武亦因「劉秀當爲天子」之讖文而爲帝。其後宣圖讖於天下，帝王提倡，學者競傳，而造成東漢讖緯之盛昌。

雖然學者非讖，謂其僞亂經學、怪迂詐僞、違亂史實、私造曆象、多鄙別字，是其短處，然其中亦不乏儒家王道德教之思想，如三綱名教之建立，與重德輕刑之立論，對於東漢名節風俗之淳美，實有極大之貢獻。《南史》有云：「漢世士務修身，故忠孝成俗，至於乘軒冕服，非此莫由。」可見漢人之重視道德，實受其影響。此外劉師培〈讖緯論〉，謂緯有五善：一曰補史，二曰考地，三曰測天，四曰考文，五曰徵禮（《左盦外集》）。《文心雕龍·正緯篇》：「事豐奇偉，辭富膏腴，無益經典，而有助文章。」試觀李善注《文選》，多引緯書，是所謂「有助文章」也。俞正燮謂「緯者，古史書也」，先儒所采以輔證經義，皆淳古之文，故能助《六經》之箋注，又一善也。而緯書去古未遠，彼時學者多見古書，凡爲著述，必有所本。「先秦以來之遺辭舊義、神話傳說，賴以保存者甚多」（陳槃〈論讖緯及其分目〉），豈能以不經而忽之？即研究漢人之思想學術，亦爲重要資料，舍此莫由，其間雖謬妄在所不免，要在學者擇焉而已。

下編　東漢之士風

第四章 東漢士風之形成

第一節 光武之表彰氣節

士節之強調，當遠溯秦時呂不韋門客所合著之《呂氏春秋》，其中季冬紀〈士節〉、〈介立〉、〈誠廉〉、〈不侵〉四篇，皆所以勵士節、明士志。此外，如韓嬰所著《韓詩外傳》中，對於忠、信、廉等士節，亦加以闡揚。〔註1〕東漢士人之品節高尚、淬勵奮發、志節慷慨，於此可略見其概。漢興，高祖禮聘四皓而不至。熊十力先生云：

> 昔漢氏方興，四皓抗節於窮山，高帝禮聘不至而不敢迫也，所以全士大夫之節而培學脈、存國命也。

以漢高之嫚罵儒生，尚能全其宏識孤懷，不敢加以迫害，可知其道德足以尊主，智能足以庇民，故王者不得不屈己以尊禮之。至孝武罷黜百家，獨尊儒術，而儒道反衰。經生腐儒，只知守章句、干利祿，佞幸、酷吏漸興，觀元帝時貢禹上言，以為武帝以錢贖罪，以穀補吏，為風俗敗壞之原。其云：

> 俗皆曰：「何以孝弟為？財多而光榮；何以禮義為？史書而仕宦；何以謹慎為？勇猛而臨官。」故黥劓而髡鉗者猶復攘臂為政於世；行雖犬彘，家富勢足，目指氣使，是為賢耳。故謂居官而置富者為雄桀，處姦而得利者為壯士，兄勸其弟，父勉其子，俗之敗壞，迺至於是！（《漢書》·卷七十二）

〔註1〕徐復觀《兩漢思想史》卷二，「《呂氏春秋》及其對漢代學術與政治的影響」；卷三，「《韓詩外傳》的研究」。

故知武帝以來，風俗已趨敗壞，廉恥蕩然，廉恥既蕩，故末世新莽居攝，頌德獻符者徧於天下，終至王莽用之以篡漢。

及光武中興，漢德重開，鑒於人情之偽薄，乃極力尊崇節義，敦勵名實，變西京貪儒之風，為廉直之俗。舉用經明行修之人，推崇巖穴幽隱之士，故在當時，風俗為之一變。觀其論政之餘，喜談義夫節士之事。《東觀漢記》卷一：

> （帝）旦聽朝，至日宴，夜聽經講誦，坐則功臣特進在側，論時政畢，道古行事。次說在家所識鄉里能吏，次第比類，又道忠臣、孝子、義夫、節士，坐者莫不激揚悽愴，欣然和悅。

在上者提倡鼓勵之，下焉者風起雲湧，蔚然成風。故史傳中多見其或以至孝、或清廉、或信、或義、或忠，殺身成仁，至死不渝之事迹。曾國藩云：「風俗之厚薄，由於一二人之所向。」（〈原才〉）誠哉是言。皮錫瑞《經學歷史》云：

> 後漢取士，必經明行修；蓋非專重其文，而必深考其行。前漢匡、張、孔、馬皆以經師居相位，而無所匡救。光武有鑒於此，故舉逸民，賓處士，褒崇節義，尊經必尊其能實行經義之人。後漢三公，如袁安、楊震、李固、陳蕃諸人，守正不阿，視前漢匡、張、孔、馬大有薰蕕之別。〈儒林傳〉中所載如戴憑、孫期、宋登、楊倫、伏恭等，立身皆有可觀。

皮氏比較兩漢儒者，而特重東漢之褒崇節義，以見儒者立身皆大有可觀，其所取士必經明行修之士，而特重德行，故東漢士人品節高尚，民風淳美，宜乎顧炎武有「三代以下，風俗之美，無尚於東京者」（《日知錄》）之贊也。

光武之表章氣節，主要舉措，茲分二端述之：

一、矯莽偽而旌節義

西漢末年，王莽專偽，誦六藝以文姦言，士之飾巧以要能釣利者，不期而景從，其時上書誦功德者「四十八萬七千五百七十二人」，士風蕩然，終致王莽篡國。然忠義之流，亦不乏其人。史載光武即位，忠節志義之士，並蒙旌顯，如其特擢南陽卓茂為太傅，封襃德侯，[註2] 以風天下。詔曰：

> 前密令卓茂，束身自修，執節淳固，誠能為人所不能為。夫名冠天下，當受天下重賞，故武王誅紂，封比干之墓，表商容之閭。今以

〔註2〕《東觀漢記》、《續漢書》皆作「宣德侯」。

茂爲太傅，封襃德侯，食邑二千戶，賜几杖車馬。

夫卓茂小宰，無他庸能，時已七十餘矣，而能首加聘命，優辭重禮，故知封一卓茂而節義之俗成矣。他如與卓茂同爲不仕王莽，名重當時之蔡勳、劉宣、龔勝、鮑宣、孔休等五人，皆蒙殊譽（《後漢書》卷廿五）。又如《後漢書·獨行列傳》所列譙元、李業、劉茂等，並蒙表擢，詔表其閭。王應麟《困學紀聞》卷十二：

> 西漢末，郭欽、蔣詡、栗融、禽慶、蘇章、曹竟，不仕於莽。卓茂與孔休、蔡勳、劉宣、龔勝、鮑宣同志不仕莽，時王皓、王嘉並棄官，漢史不能表而揚之爲清節傳，而僅附見其名氏。然諸君子清風肅然，立懦夫之志，於百世之下，不待傳而彰。

案王氏所列計有十四人。張亮采先生所著《中國風俗史》列有八類卅三人。〔註3〕近人饒宗頤先生在其〈西漢節義傳〉（《新亞學報》第一期）一文中，分五卷。第一卷爲忠諫之士，不滿於王氏攬權者，計五人；第二卷爲莽所黜戮者，計十九人；第三卷爲舉義抗莽而死節者，計二十六人；第四、五卷爲清節之士不仕莽者，計七十八人。凡五類，一二八人。是篇搜羅之廣，內容之富，皆較前人爲勝。於此亦可在天下之士，莫不競相襃稱德美以求媚之外，得以一覽西京之遺芳餘烈矣。東漢中興，忠義之流，得光武之旌顯而名益彰，其後風俗烝烝，俱以節義相高。下至顯宗時，劉平、王望、劉曠、王扶俱以修身行義而蒙聘。肅宗時，亦禮鄭均而召高鳳，以成其節。自是節義之風盛行，士人彌相慕襲，而能使東京享祚久長，人心淬勵，信乎如風之偃草也。

二、舉逸民天下歸心

《後漢書·卷八十三·逸民列傳·序》云：

> 漢室中微，王莽篡位，士之蘊藉義憤甚矣。是時裂冠毀冕，相攜持而去之者，蓋不可勝數。……光武側席幽人，求之若不及，旌帛蒲

〔註3〕張亮采《中國風俗史》第二編十七節「漢末風俗之復古」云：「王莽居攝，頌德獻符者徧於天下。雖有何武、鮑宣、高固及辛慶忌三子之不附莽而死，翟義、賈萌、張充諸人之討莽而死，龔勝之不應徵而死，曹竟之不附莽而死。於赤眉，李業、王皓、王嘉、譙元之不仕莽而死，於公孫述，彭宣、王崇、邴漢、梅福、逢萌之不附莽而去。胡綱、郭堅伯、郭遊君、楊寶、牟長、高翊、高容、洼丹、孔子建、郭憲之不仕莽，王譚、文參之不從莽，足以立懦廉頑。」

車之所徵賁，相望於巖中矣。若薛方、逢萌聘而不肯至，嚴光、周
黨、王霸至而不能屈。群方咸遂，志士懷仁，斯固所謂舉逸民天下
歸心者乎！

高尚不仕，乃東漢士風之一大特色。古之君子，邦有道則仕，邦無道則隱，
隱逸本非君子之所欲，然「或隱居以求其志，或回避以全其道，或靜己以鎮
其躁，或去危以圖其安，或垢俗以動其概，或疵物以激其清。然觀其甘心畎
畝之中，憔悴江海之上，豈必親魚鳥樂林草哉，亦云性分所至而已。」（仝上）
蓋君子能以道自任，動靜取舍，唯是所趨，則王者當盡禮而致之，屈己以訪
之，然後能鼓舞民心，利澤四表。觀光武效高帝之尊禮四皓，與布衣嚴子陵
定交，「遣使聘之，三反而後至，除諫議大夫，不屈」（仝上），宋范仲淹深體
其意，在〈嚴先生祠堂記〉一文云：

先生之心出乎日月之上，光武之量包乎天地之外。微先生不能成光
武之大，微光武豈能遂先生之高哉？而使貪夫廉，懦夫立，是大有
功於名教也。

「不仕王侯，高尚其志」，唯光武能遂其志。旌顯逸民，大得民心，唯先生能
有益名教之建立，而使貪廉懦立，大有助於風俗教化。他如周黨入朝，伏而
不謁，光武以「自古明王聖主，必有不賓之士；伯夷、叔齊，不食周粟」而
成其志。逢萌託以老耄迷路東西，連聘不起。王霸受召，稱名不稱臣，以病
歸，連聘不至（仝上）。案此皆嵌巖之彥，天子不得臣，諸侯不得友，而以廉
隅自厲。孔子有云：「不得中道而行，必也狂狷乎。狂者進取，狷者有所不為」，
以其有所不為，固有取也。故其或聘而不至，或至而不屈，誠足以激懦律貪。
下至顯宗、肅宗，亦旌禮劉平、江革、劉般、毛義、薛包之倫，以勵忠孝之
節。安、順諸君，雖未必有尊賢重道之實意，而玄纁安車之聘，不絕於郡國
（《東漢會要》卷二十七），終漢而此風不息。

由於光武之旌節義、舉逸民，故范曄《後漢書》別作〈獨行〉、〈逸民〉、
〈黨錮〉等傳，正所以表死節，褒正直而敘殺身成仁之美也。諸傳中亦往往
見重仁義、貴守節之意，足見蔚宗之表揚節義、推獎儒術，而於人間榮華富
貴之外，別開一理想之境界，可謂善矣。

其後學者修習志節，彌相慕襲，據《後漢書》載伏隆少以節操立名（卷
廿六）、宋漢立名節，以威恩著稱（仝上）、趙憙少有節操（仝上）、宣秉少修
高節（卷廿七）、鮑德修志節，有名稱（卷廿九）、子昂有孝義節行（仝上）、

陸康以義烈稱（卷卅一）、劉般世有名節（卷卅九）、第五種少屬志義（卷四十一）、朱暉好節概（卷四十三）、朱野少有名節（卷四十三）、胡廣清高有志節（卷四十四）、袁閎少勵操行，苦身脩節（卷四十五）、封觀有志節（仝上）、李法博通群經，性剛而有節（卷四十八）、王符好學有志操（卷四十九）、任棠有奇節，隱取教授（卷五十一）、閔仲叔世稱節士、荀恁脩清節（卷五十三）、韋著隱居行義，以退讓爲節（卷五十四）、杜安少有志節（卷五十七）、張奐少立志節（卷六十五）、杜密少有屬俗志（卷六十七）、范滂少屬情節（仝上）、劉矩少有高節（卷七十六）、孫堪明經學、有志操（卷七十九下）等等，可見上行下效，所謂一士之善行，可以風化一鄉；一郡之善政，可以風範一國；一官一吏之風骨峻直，可使朝野權貴有所畏憚，一師一友之志行高節，可使人去貪止競、立懦廉頑，正是說明東漢士風形成之原因。

第二節　士風與察舉徵辟

古有采詩之官，王者所以觀風俗，知得失，自考正也（《漢書・藝文志》六藝略）。采詩，漢代謂之舉謠言，王者常遣官吏至各地觀采風謠，或考正得失，或徵辟進用。據《後漢書》載：

（羊）續爲南陽太守……採問風謠，然後乃進。（卷三十一）

聖王……聽歌謠於路。（卷二十九）

（劉陶）詔以謠言舉刺史二千石，由是諸坐謠言徵者，悉拜議郎。（卷五十七）

又令三公謠言奏事。注引《漢官儀》：「三公聽採長吏臧否，人所疾苦，還條奏之，是爲舉謠言者也。」（卷六十下）

後詔三府掾屬舉謠言。（卷六十七）

和帝分遣使者至州縣觀採風謠。（卷八十二上）

靈帝……詔書敕三府：舉奏州縣政理無效，民爲作謠言者免罷之。
（《三國志・魏書・武帝紀》注引《魏書》）

漢王極爲重視舉謠言，一經謠言所舉，可拜爲議郎，靈帝且罷「民爲作謠言者」之官，可見謠言之可畏，至爲帝王所惡絕。而謠言之好惡，往往關乎士人官吏登用之階，此實與漢人之重視名節有極大關係。《後漢書・卷四・和帝

紀》永元五年詔曰：

> 選舉良才，爲政之本。科別行能，必由鄉曲。

案「科別行能」即《周禮》鄉大夫職所謂「考其德行道藝，而興賢者能者」。鄭司農云：「興賢者，謂若今舉孝廉。興能者，謂若今舉茂才」。蓋當時進身之階，率由鄉舉里選，而多採譽於眾多之論，是以禮節之士，敏德自修，閭里推高，然後爲府寺所辟。故士名對於仕宦前途，關係綦重。一玷清議，便終身不齒。顧炎武所謂「兩漢以來⋯⋯鄉舉里選，必先考其生平。一玷清議，終身不齒，君子有懷刑之懼，小人存恥格之風。」東漢士人之重視士節，實與選舉制度有極大關係。

　　兩漢制度多沿秦制，官制亦然，然稍有損益。東漢仕途，多出於察舉與徵辟二途。察舉是由地方向中央貢獻人才，徵辟是皇帝或官吏特召某人。徵辟制特盛於東漢。《文獻通考》卷卅九〈選舉考〉云：

> 東漢時選舉辟召皆可以入仕，以鄉舉里選循序而進者選舉也。以高
> 才重名躐等而升者辟召也。

徵辟可分爲徵召與辟除。徵召是皇帝對於高才重名之士人，往往加以詔聘，此法用待非常之士，故屬非常制。辟除是公府對其掾屬，州郡對其曹僚，皆可自行辟用。東漢公卿，尤以辟士爲高。至於察舉則大致可分爲詔舉之賢良方正、異科，與歲舉之茂才、孝廉兩類，前者爲特科，有詔乃舉；後者爲常科，屬歲舉，茲先述察舉，後述徵辟。

一、察　舉

甲、賢良方正

　　秦代察舉制度，史料甚少。漢高祖既定天下，有鑒於秦之失策，乃於十一年（西元前 196 年）下詔求賢。〔註4〕其後孝惠、呂后之「勸農」，〔註5〕皆可視爲察舉制度之前身，然未立科目。賢良方正始於文帝二年，詔曰：

〔註4〕《漢書・卷一・高帝紀》：「蓋聞王者莫高於周文，伯者莫高於齊桓，皆待賢人而成名。今天下賢者智能，豈特古之人乎？患在人主不交故也。士奚由進？今吾以天之靈，賢士大夫定有天下以爲一家，欲其長久世世奉宗廟亡絕也。賢人已與我共平之矣，而不與我共安利之可乎？賢士大夫有肯從我游者，吾能尊顯之。布告天下，使明知朕意。」此即高帝之求賢詔。

〔註5〕《漢書・卷二・惠帝紀》：「四年春正月，舉民孝弟力田者復其身。」卷三〈高后紀〉：「元年二月，初置孝弟力田二千石者一人。」

> 乃十一月晦，日有食之。二三執政，舉賢良方正能直言極諫者，以
> 匡朕之不逮。（《西漢會要》卷四十四）

其後武帝即位，曾一再詔舉之。建元元年（西元前 140 年）、元光元年（西元前 134 年）、五年（西元前 130 年）均曾詔舉。漢初之賢良對策中，以特異稱者，文帝十五年有鼂錯、武帝建元元年有董仲舒、元光五年有公孫弘三人。

賢良對策之詔舉動機，可由文帝十五年之親策賢良中得知，《漢書‧卷四十九‧鼂錯傳》云：

> 上親策之曰：「……朕之不德，吏之不平，政之不宣，民之不寧，四
> 者之闕，悉陳其志，毋有所隱。……朕親覽焉。」

文帝所列「朕之不德，吏之不平，政之不宣，民之不寧」，後世對策，幾均襲此制，要言之，在廣開言路而已。《後漢書‧卷五‧安帝紀》永初二年詔：「開令公卿郡國舉賢良方正，遠求博選，開不諱之路，冀得至謀，以鑒不逮」，即為明證。觀兩漢察舉賢良方正，或為災異、或瑞應、或求賢、或崇儒、或遇國家大典，朝廷常借此以詔舉賢良，匡濟時艱，而由天子親加策試，胡致堂謂：「漢策問賢良非試之也；延於大殿，天子稱制，訪以道理，其事重矣。」（《文獻通考》卷廿九）是以所問皆經世致用之政策，苟非淹貫有識之士，不能作答，故應策者，大抵從布衣舉者甚少，而多為已仕者（《廿二史劄記》卷二）。對策高第，則待以不次之位，其不足采者，輒報聞罷，並無黜落之法，所謂「取其忠言嘉謨足以佐國，崇論宏議足以康時」（《文獻通考》卷卅四）而已。

據《漢書》所載，詔舉以賢良方正能直言極諫者最多。東漢以後，賢良方正之選，遠不及西漢，據《東漢會要》所載，自光武迄於桓帝一百五十年間，共行十五次，靈帝以後，均未舉行。茲將東漢賢良方正列舉於下：（俱見本傳）

魯丕	申屠剛	蘇章	江革	李法	爰延
崔篆	劉瑜	荀淑	皇甫規	張奐	劉淑
孔昱	趙昱	劉焉	戴封	李育	楊厚不就
郎顗不就	張楷不就	桓曄不應	毛義不至	种暠不應	劉琬不行
樊英不行	董扶稱疾不就	法眞不就	向栩不到	周燮以疾辭	周勰不應
樊準	鄭玄不就	劉矩			

乙、孝　廉

漢世諸科，雖以賢良方正爲至重，而得人之盛，則莫如孝廉（《文獻通考》卷卅四）。孝廉注重履行而不試文學，既經察舉，必試之以職，以觀其才能；臨之以財，以觀其操守，高才異等，可躋公卿，漢代得人之盛，莫此爲盛。其制源於孝惠、呂后之勸農，倡議於董仲舒「州郡舉茂才孝廉，皆自仲舒發之」（《漢書》卷五十六），而始於武帝元光元年（西元前 134 年）。《漢書・卷六・武帝紀》云：

> 元光元年冬，初令郡國舉孝廉各一人。

顏師古注曰：「孝謂善事父母者，廉謂清潔有廉隅者。」漢人最重孝行，標榜「以孝治天下」，惠帝以下，漢代帝諡，皆加孝字。武帝舉孝廉之目的，在於移風易俗。元朔元年詔曰：「興廉舉孝，庶幾成風，紹休聖緒。……所以化元元，移風易俗也。」然孝廉出於鄉官小吏，非有才學，不足應天子之詔，故郡縣率不樂舉，而求應此選者亦少，文帝時，已有「萬家之縣，云無應令」（《漢書》卷四）之說。武帝元朔元年，至闔郡而不薦一人，因有嚴罰之詔，有司奏議曰：

> 不舉孝，不奉詔，當以不敬論，不察廉，不勝任也，當免。

其後州郡遵詔奉行，人才漸盛。東漢初，孝廉茂才定爲歲舉。章帝時，則有濫舉之弊。《後漢書・卷三・章帝紀》建初元年詔曰：

> 夫鄉舉里選，必累功勞。今刺史、守相不明眞僞，茂才、孝廉歲以百數，既非能顯，而當授之政事，甚無謂也。

是以其後建初八年（西元 83 年），乃詔限孝廉皆須試職乃能得選。《漢官儀》詔書辟士四科：（《後漢書》卷四注引）

> 其一曰德行高妙，志節清白；二曰經明行修，能任博士；三曰明曉法律，足以決疑，能案章覆問，文任御史；四曰剛毅多略，遭事不惑，明足照姦，勇足決斷，才任三輔令，皆存孝悌清公之行。自今以後，審四科辟召，及刺史二千石察舉茂才尤異孝廉吏，務實校試以職，有非其人，不習曹事，正舉者故不以實法。

故知郡國之察舉，至章帝時頗見其弊，「歲以百數，多非其人」，是以有「試職」之法以防之。其後和帝時，又逐次演進爲依戶口數比例分配，制爲定額。時大郡口五、六十萬舉孝廉二人，小郡口二十萬并有蠻夷者亦舉二人，帝以爲不均，下公卿會議，丁鴻與司空劉方上言：

凡口率之科，宜有階品，蠻夷錯雜，不得爲數。自今郡國率二十萬口歲舉孝廉一人，四十萬二人，六十萬三人，八十萬四人，百萬五人，百二十萬六人。不滿二十萬二歲一人，不滿十萬三歲一人。帝從之。（《後漢書・卷三十七・丁鴻傳》）

和帝又緣邊舉孝舉，亦依人口比例分配，《後漢書・卷四・和帝紀》：

其令緣邊郡口十萬以上歲舉孝廉一人，不滿十萬二歲舉一人，五萬以下三歲舉一人。

可見當時名額分配比例，亦隨時隨地而異。然法制久則生弊，中葉以後，弊病漸生，茲分三端言之：選舉率取年少能報恩者（《後漢書》卷三十二）。左雄所謂「以樹恩爲賢，盡節爲愚」也。此其一。而舉與被舉，自有請託，爲權貴把持，不能至公而無弊。此其二。士族閥閱於焉形成，如《全漢文》卷八十九仲長統論士有三俗：「選士而論族姓閥閱，一俗；……」。王符《潛夫論・卷八・交際》云：「虛談則知以德義爲賢，貢薦則必閥閱爲前。」同書卷一〈論榮〉：「今觀俗士之論也，以族舉德，以位命賢。」此其三。弊病既多，防制之法亦愈多，除和帝時之限額外，順帝時，左雄又提出限年，並別標行能，加以考試。《後漢書・卷六十一・左雄傳》：

請自今孝廉年不滿四十，不得察舉，皆先詣公府，諸生試家法，文吏課牋奏，副之端門，練其虛實，以觀異能，以美風俗。有不承科令者，正其罪法。若有茂才異行，自可不拘年齒。帝從之。

茂才異行，原爲獎賢才；孝子廉吏，原爲勵風俗，自左雄之限年與「試家法、課牋奏」以來，雖爲制度之進化，然實無異於後世科舉之法，自是已全失察舉「興廉舉孝」之原意矣。且舉來之人，先試於公府；次覆試於端門（後世之御史台），如此坐繆舉免黜者，竟達十餘人，自是「牧守畏慄，莫敢輕舉。迄于永嘉，察選清平，多得其人」（〈左雄傳〉）。其後張衡以「雖有至孝，猶不應科，此棄本而取末」（卷五十九）。故黃瓊乃奏增孝悌及能從政者爲四科（《後漢書》卷六十一）。自是孝廉乃分儒學、文吏、孝悌及能從政者四科。孝廉原取「孝悌」之意，至其末流，反須立科以明之，則知西漢時，「孝」「廉」各成一科，至東漢已捨其本原，而合爲一矣。順帝以後，又令中臣子弟，不得爲吏察孝廉，以防其秉威權而容請託（《後漢書・卷六十三・李固傳》）。桓、靈之際，時人歌當時之選舉云：

舉秀才，不知書。舉孝廉，父別居。寒素清白濁如泥，高第良將怯

　　如雞。（《抱朴子·審舉》）

雖桓帝爲杜絕一切「邪僞請託」之原，令「贓吏子孫，不得察舉」（《東漢會要》卷廿六）。然公卿大臣，類多拱默，選舉不實，權臣請託。孝廉、秀才乃漢代立國之棟梁，其弊至此，士人於仕途之登用既受限制，士風乃趨轉變。茲將東漢孝廉列舉於後：

馬稜	魏霸	韋彪	馮豹	鮑昂不至	郅惲
郅壽	賈琮	鄭弘	周章	張霸	桓典
桓曄不就	桓鸞	劉平	馮鸞	馮緄	度向
楊璇	趙孝不應	江革	淳于恭不應	周磐	趙咨不就
第五倫	鍾離意	陸康未至	宋意	寒朗	朱穆
張禹	徐防	張敏	胡廣	袁安	應劭
霍諝	陳禪	龐參	橋玄	周變以疾辭	黃憲不就
楊彪不德	張綱不就	王龔	王暢不就	种暠	种岱不就
陳球	陳瑀	陳珪	杜根	劉陶	李雲
傅燮	蓋勳	臧洪	張衡不行	左雄	周瓛以疾去
李固不就	杜喬	吳祐	黃眞	延篤	段潁
陳蕃	李膺	劉祐	范滂	宗慈不就	巴肅
尹勳	蔡衍	羊陟	陳翔	范康	檀敷不就
劉儒	賈彪	符融不就	鄭太不就	荀彧	皇甫嵩
朱雋	劉虞	劉謙	公孫瓚	袁術	孟嘗
許荊	第五訪	劉矩	劉寵	陽球	劉昆不行
張興謝病去	周防	包咸	楊仁	董鈞	甄承
張玄	服虔	穎容不就	許愼	葛龔	崔琦
劉梁	高彪	劉茂	張武	周嘉	戴封去官
陳重	雷義	戴就去官	趙苞	向栩不到	劉翊不就
王烈不就	謝夷吾	李郃	公沙穆	公沙學	單颺
華佗不就	韓就	戴良不就	姜詩	唐檀	陳龜

丙、茂　才

　　舊言秀才，避光武諱稱茂才（《北堂書鈔·設官部》引《漢官儀》）。其制始於武帝元封五年，西漢之世，屬特科，東漢光武則與孝廉併爲歲舉。孝廉

為郡舉，茂才為州舉，故人數較孝廉為少。且孝廉既經察舉，以補三署郎為原則，其後遷為尚書郎，再遷縣令，此為漢代郎官任用之例。然茂才則可直任縣令，其仕位之升遷，遠較孝廉為速。西漢言吏曰廉，言民曰孝，後漢則孝廉專以察吏，茂才專以興民，名實微有不同。而二者吏民兼取，皆為漢代人才進身之階。茲將東漢茂才列舉於下：

车融	陸康	鄭玄	張楷	桓曄不應	班彪
應奉	陳禪	崔瑗	楊震	楊彪不應	王暢
种岱不就	周舉	王渙	孟嘗	葛龔	范式
王忳	陳重	雷義	班回	趙昱	

丁、異　科

不定期之察舉，除上述賢良方正外，尚有諸異科。《後漢書》卷六十一范曄論曰：

> 漢初詔舉賢良、方正，州郡察孝廉、秀才，斯亦貢士之方也。中興
> 以後，復增敦朴、有道、賢能、直言、獨行、高節、質直、清白、
> 敦厚之屬。

東漢選士科目之廣，於此可見。據《後漢書》所載尚有舉尤異、舉光祿四行、舉有行義、舉有道、舉至孝、舉明政術、舉明經、舉明戰略、舉武猛、舉直言、舉威武有謀、舉能探賾索隱者、舉高第、舉高節、舉清白、舉敦樸、舉極諫、舉遜讓、舉寬博有謀、舉賢能、舉質直、舉儒術篤學、舉獨行、舉篤行、舉隱士大儒等，種類之多，包羅之廣，而其中多以「道德」為主，可見士人之修習道德，一則可修身立德，一則榮路既廣，進可登用為吏，雖布衣可致公卿，何樂不為？易言之，東漢士風，因察舉制度，而使儒家修齊治平之術，達到致用之目的，所謂「經明行修」，即此意也。

二、徵　辟

與察舉制相輔並行者為徵辟。可分為徵召與辟除，皇帝用徵召，公府、州郡用辟除。兩漢二千石長吏皆可自辟曹掾，而東漢公卿尤以辟士為高。趙翼云：

> 漢制察舉孝廉、茂才等歸尚書及光祿勳，選用者多循資格，其有德
> 隆望重，由朝廷召用者，則布衣便可踐台輔之位。

夫徵召每以高才重名躐等而升，如荀爽有盛名，自布衣至三公，凡九十五日，

時皆以此爲榮。而被徵者稱徵君，東漢徵君特多，蓋自光武之旌節義、舉逸民以來，下開隱逸、獨行之風，朝廷屢以「昭岩穴，顯幽隱」，然處士之徵而不受命者多矣，或志過亢而不知時；或名高而藏其拙，或覬公卿師表之尊而不屑爲小官者也，故多有「處士好盜虛聲」之譏。然上焉者以徵召風示天下，下焉者以隱士標示清高，徵君由是愈多。朝廷極爲禮遇，如以安車聘之，所過之地，官吏修道路以送迎，其榮耀可見。至若漢代之辟除，行於公府，三公之府皆可徵舉授官，《漢書‧百官志》載：

> 漢初，掾吏辟皆上言之。故有秩比命士，其所不言，則爲百石屬。
>
> 其後皆自辟除，故通爲百石。

州郡亦有辟舉，同書載：「從事史十二人，皆州自辟除，通爲百石。」東漢之世，風氣更盛，公府州郡，競相辟舉，史載寒朗爲三府所辟（《後漢書》卷四十一）、荀爽、韓融五府並辟（卷六十二）、黃瓊五府俱辟（卷六十一）、陳紀四府並命（卷六十二）、賀純十辟公府，四公車徵（謝承《後漢書》卷八）、徐穉五辟宰府（卷三）、周樹八辟從事（卷八）等，由於辟舉之頻繁，非但使士人之聲名提高，其勢凌駕朝廷爵位之上，氣節由是鼓勵，廉恥由是養成，而形成東漢重名節之風。故《東漢會要》卷二十七云：

> 公府有辟命，自西京則然矣。然東漢之世，公卿尤以辟士相高……
>
> 名公鉅卿，以能致賢才爲高，而英才俊士，以得所依秉爲重，是以
>
> 譽望日隆，名節日著，而一洗末世苟合輕就之風。

三、選舉之弊

士尚名節之風本漢代選舉制度有以促成之，蓋選舉科目，既重道德名節，薦舉徵辟，必採鄉曲之譽，希仕者，必修貞確不拔之操，冀其得名，故凡可以得名者，必全力赴之，好爲苟難，遂成風俗（《廿二史劄記》）。東漢察舉既重名，影響所及，士人好名，遂爲一代風氣。袁宏《後漢紀》曰：

> 夫名者，心志之標榜也。故行著一家，一家稱焉，德播一鄉，一鄉
>
> 舉焉。故博愛之謂仁，辨惑之謂智，犯難之謂勇，因實立名，未有
>
> 殊其本者也。

「因實立名」，是亦「以名爲教」之義。三代以下，未嘗不好名，名可標榜心志，使德行遠播，而收淨化人心之大用。東漢之好名，即如大儒鄭康成亦不例外，觀其戒子書云：

顯譽成於僚友，德行立於己志。若致聲稱，亦有榮於所生，可不深

念邪！可不深念邪！

鄭氏戒子勉修德行以致聲稱於世。一代大儒，尚且如此，其後三國曹子建論名之不朽云：「太上立德，其次立功。蓋功德者所以垂名也，名者不滅，士之所利」（《三國志》卷十九），當爲漢人重名觀念之延伸。顧炎武盛稱東漢「以名爲教」，《日知錄》卷十三「名教」云：

昔人之言，曰名教，曰名節，曰功名，不能使天下之人以義爲利，

而猶使之以名爲利，雖非純王之風，亦可以救積淞之俗矣。

「以名爲教」，可使忠信廉潔之士，顯榮於世。士以修身爲務，忠孝成俗，而造成東漢人才之極盛。

東漢士人既多好名，其後帝王又大爲提倡，如光武詔曰：「夫名冠天下，當受天下重賞」，〔註6〕士子驅之，修名爲務。加以選舉制之鼓盪，於是「揚名養譽」，成爲士人共同之行爲標的，即以察舉孝廉爲例，謝承《後漢書·卷七·朱穆傳》載：

方今聖化大行，文武未墜於地，家有貞婦，戶有孝子，比屋連棟，

不可勝記。……

《潛夫論·實貢》十四：

公卿刺史掾從事茂才孝廉，且二百員，歷察其狀，德侔顏淵、卜

冉，……。

州郡察舉，必求邑里之譽，士人修名，實與此制攸關。即以本節所列東漢賢良方正三十三人中，不就者十四人。孝廉所舉一三二人中，不就者二十九人，不受舉者幾達四分之一，可見其中亦不乏延名養譽之士。如賀純至於十辟公府，荀爽由布衣聘至三公，士人以屢召爲榮，公卿以辟士爲高，良由名譽所趨也。而求名之極，雖殘體冒斃，亦勇而爲之。徐幹《中論·夭壽》第十四：

若夫求名之徒，殘疾厥體，冒厄危斃，以狥其名，則曾參不爲也。

同書，〈審大臣〉第十六：

時俗之所不譽者，未必爲非也。其所譽者，未必爲是也。……用人

而因眾譽焉，斯不欲爲治也，將以爲名也。

故凡名之所在，必全力赴之，甚至不惜飾僞以邀譽，釣奇以驚俗。范曄〈左

〔註6〕《後漢書·卷廿五·卓茂傳》，光武乃下詔曰：「前密令卓茂，束身自修，執

節淳固，誠能爲人所不能爲。夫名冠天下，當受天下重賞。」

雄傳〉論曰：

> 中興以後，復增敦朴、有道、賢能、直言、獨行、高節、質直、清
> 白、敦厚之屬，榮路既廣，觖望難裁，自是竊名偽服，浸以流競，
> 權門貴仕，請謁繁興。

仕途既廣，士人競修名譽之風起焉。然安帝以後，外戚宦官，交互竊柄，政
風由是泄沓。仲長統《昌言‧法誡篇》：「近世外戚宦豎，請託不行，意氣不
滿，立能陷人於不測之禍。」是以庶官多非其人，下民被奸邪之傷。順帝時，
所徵聘者如胡元安、薛孟嘗、朱仲昭、顧季鴻等，其功業皆無所採，是以俗
論皆言處士純盜虛聲（《後漢書》卷六十一）。及漢之末世，靈、獻之時，品
藻乖濫，英逸窮滯，「饕餮得志，名不準實。」（《抱朴子‧名實》）由於名實
不符，而造成選舉之腐敗，王符之言，可以盡之。《潛夫論‧考績》第七：

> 群僚舉士者，或以頑魯應茂才，以桀逆應至孝，以貪饕應廉吏，以
> 狡猾應方正，以諛諂應直言，以輕薄應敦厚，以空虛應有道，以囂
> 闇應明經，以殘酷應寬博，以怯弱應武猛，以愚頑應治劇，名實不
> 相副，求貢不相稱，富者乘其材力，貴者阻其勢要，以錢多為賢，
> 以剛彊為上，凡在位所以多非其人，而官聽所以數亂荒也。

群僚舉士，或權貴所託，或偽名所惑，故所舉多非其人。而貴人請託，實緣
於士人之鑽營奔競，二者之往來送迎，而形成交遊結納之風。《後漢書‧卷三
十下‧郎顗傳》：

> 今選舉皆歸三司，非有周召之才，而當則哲之重，每有選用，輒參
> 之掾屬，公府門巷，賓客填集，送去迎來，財貨無已。其當遷者，
> 競相薦謁，各遣子弟，充塞道路，開長姦門，興致浮偽，非所謂率
> 由舊章也。

徐幹《中論‧譴交篇》，所述尤為詳盡。其云：

> 世之衰矣，上無明天子，下無賢諸侯。君不識是非，臣不辨黑白。
> 取士不由於鄉黨，考行不本於閭閻，多助者為賢才，寡助者為不肖。
> 序爵聽無證之倫，班祿采方國之謠。民見其如此者，知富貴可以從
> 眾為也。知名譽可以虛譁獲也，乃離其父兄，去其邑里。不脩道藝，
> 不治德行。講偶時之說，結比周之黨。汲汲皇皇，無日以處。更相
> 歎揚，迭為表裏，檮杌生華，憔悴布衣。以欺人主、惑宰相、竊選
> 舉、盜榮寵者，不可勝數也。既獲者賢己而遂往，羨慕者並驅而追

之。悠悠皆是，孰能不然者乎。桓、靈之世，其甚者也。自公卿大
夫，州牧郡守，王事不恤，賓客爲務，冠蓋塡門，儒服塞道。飢不
暇餐，倦不獲已，殷殷沄沄，俾夜作晝。下及小司，列城墨綬，莫
不相商以得人，自矜以下士，星言夙駕，送往迎來，亭傳常滿，吏
卒傳閒，炬火夜行，閭寺不閉，把臂捴腕，扣天矢誓，推託恩好，
不較輕重。文書委於官曹，繫囚積於囹圄，而不遑省也。

交遊結納，不遑寧處，甚至懷丈夫之容，而襲婢妾之態，或奉貨行賄，以自
固結；或目氣指使，高談大語。昔以孝悌父母，正行閨門爲烈士，今則多務
交遊，以結黨助，倫世竊名，以取濟渡。仲長統《昌言》有云：「交遊趨富貴
之門、一俗」，況其時宦官勢盛，州牧郡守，承順風旨，辟召選舉，釋賢取愚，
察舉敗壞，實勢所趨也。

　　綜而言之，東漢自光武之表彰名節以來，士人對「名」之價值，有確切
之體認，而別有一眞精神存乎其間者矣。士既重名，進而「以名爲教」，是以
促使東漢士風之淳美。其時察舉制必視鄉曲之譽，士人乃由修名而漸趨爲名
之追逐，其後此制弊端漸生，士之竊名僞服者多矣。至乃汲汲皇皇，盜竊榮
寵。或「父盜子名，兄竊弟譽，骨肉相紿，朋友相詐」（徐幹《中論・考僞篇》）
以竊名，或科門奔競，貨賂囑託，營己治私，求勢逐利，自是天地閉、賢人
隱，而王教衰。王教衰而儒風亦趨轉變。

第三節　士風內容之分析

　　烈女死夫，忠臣死國，君死社稷，義夫死難，同爲中國古所謂氣節。東
漢自三綱名教之建立以來，儒家道德深入人心，東漢前朝諸帝，率皆重節義
而輕才氣，其所舉士，以經明行修爲主，亦即以賢爲主，以能爲輔。故東漢
士人入仕之途，孝廉特多，而賢良極少。士人於行爲上樹立風範，影響所及，
而成爲社會道義之標準，於是種種德目出焉，而以之教忠焉、教孝焉、教信
焉、教勇焉、教直焉、教義焉、教人以視死如歸，教人以不違其內心之所安
焉。東漢之死於氣節尤多，其死也，可以不顧於外界之利害禍福，可以無視
於他人之是非評騭，而所以酬國家文化之恩澤，而無愧於讀聖賢書，所學何
事之問。觀《後漢書》諸傳中，往往見重仁義、表死節、褒正直而敘殺身成
仁之美也。如〈陳蕃傳論〉，以漢亂而不亡，百餘年閒，爲蕃等之力。〈孔融

傳論〉，以曹操之不敢及身篡漢，為融之功。〈儒林傳論〉，以桓、靈之後，國勢崩離，而群雄不敢遽篡，為儒學之效。范氏之表揚節義，推獎儒術乃如此。顧炎武《日知錄·卷十七·兩漢風俗》亦云：

> 至其末造，朝政昏濁，國事日非，而黨錮之流，獨行之輩，依仁蹈義，舍命不渝，風雨如晦，雞鳴不已。三代以下，風俗之美，無尚於東京者。故范曄之論，以為桓、靈之間，君道秕僻，朝綱日陵，國隙屢啓。故自中智以下靡不審其崩離，而權強之臣，息其闚盜之謀，豪俊之夫屈於鄙生之義，所以傾而未顛，決而未潰，皆仁人君子心力之為。可謂知言者矣。

儒林之論，顧氏歎為知言。不僅許其執義正俗之功，而國家緩急之際，亦恃仁人君子心力以挽狂瀾。其時察舉徵辟，必採名譽，故凡可以得名者，必全力赴之，故志節之士，好為苟難，務欲絕出流輩，以成卓特之行（《廿二史箚記》卷五），其行常違時絕俗，而流於「激詭」。〔註7〕激詭之行生，於是士人好立異操，故東漢多特立獨行之士，「特」之極為怪，「獨」之極為異，及流於怪異，而弊亦隨之，氣節既佳，激詭亦在所不免。況當士習猗靡之際，雖不得中道而行，而士人多以狂狷自矯，其功足以激濁揚清，師範僚友，觀漢末知識份子，如黨錮中人，多為狂狷之士可知矣。《後漢書·卷八十一·獨行列傳》云：

> 孔子曰：「與其不得中庸，必也狂狷乎！」又云：「狂者進取，狷者有所不為也。」此蓋失於周全之道，而取諸偏至之端者也。然則有所不為，亦將有所必為者矣；既云進取，亦將有所不取者矣。如此，性尚分流，為否異適矣。

又云：

> 中世偏行一介之夫，能成名立方者，蓋亦眾也。或志剛金石，而剋扞於強禦。或意嚴冬霜，而甘心於小諒。亦有結朋協好，幽明共心；蹈義陵險，死生等節。雖事非通圓，良其風軌，有足懷者。

夫狂狷之行，雖為得道之偏，猶為孔子所取，故范氏許其「事非通圓，良其風軌，有足懷者」，誠有所取也。觀其死生之際，至於寧死而不顧，其中心一

〔註7〕激詭之意，《後漢書》凡三見，卷卅七論曰：「……後世聞其讓而慕其風，徇其名而昧其致，所以激詭行生而取與妄矣。」卷七十九下〈周澤傳〉：「……當世疑其詭激。」卷八十一〈范冉傳〉：「冉好違時絕俗，為激詭之行。」

念，唯是不負平生之志而已。其人或僅踐一小節而死，而其死亦所以成其生，死生一以貫之，則其人道德精神之完成，耿然焵然，有歷乎千古萬古而不失者。余讀《後漢書》，觀其士人之執道守節，視死如歸，未嘗不嘆其儒術淪浹浸漬人之深也。今乃條其貫而考其士風與儒家經義合者，列敍於下。

一、人倫孝行

《孝經音義》引鄭玄〈孝經序〉：「孝爲百行之首」。漢人以孝爲道德之根本，文帝置《孝經》博士，平帝於各地庠序置《孝經》師，明帝令期門羽林之士，悉通《孝經》章句，宣帝且選疏廣爲太子太傅，授皇太子《孝經》。漢自惠帝以下，帝王謚號，率加一「孝」字，至東漢時，《孝經》乃與《論語》及《詩》、《書》、《易》、《禮》、《春秋》並稱爲七經，其後歷代長久誦習不衰，而爲吾國傳統文化之重要德目。漢人所以如此重視孝行，良與其時五德終始之生尅循環有關。《全後漢文》卷六十七荀爽云：

> 臣聞火生于木，故其德孝。漢之謚帝稱孝，其義取之也。故漢制，
> 使天下皆誦《孝經》，選吏則選孝廉，蓋以孝爲務也。

漢人以孝爲務，其義實取於此也。東漢士人之行孝，茲分數端言之：

甲、孝　親

《後漢書》卷三十九：

> 江革少失父，獨與母居。遭天下亂，盜賊並起，革負母逃難，備經阻險，常採拾以爲養。數遇賊，或劫欲將去，革輒涕泣求哀，言有老母。後歸鄉里，自在轅中輓車，不用牛馬，由是鄉里稱之曰「江巨孝」。

袁宏《後漢紀》：

> 廬江毛義，以孝行稱。南陽人張奉慕其名，故往候之，坐定而府檄適至，以義爲守令，義喜甚，動於顏色。奉者，志尚士也，心賤之，自恨來，固辭去。義母死，棄官行服，進退必以禮，賢良公車徵，皆不至。張奉歎曰：「賢者之心，故不可測，往日之喜，乃爲親也，所謂家貧親老，不擇官而仕也。」

《後漢書》卷五十八：

> 虞詡早孤，孝養祖母。國相寄之，欲以爲吏。詡辭曰：「祖母九十，非詡不養。」相乃止。

江革、毛義皆為居貧養親而以孝名者也。若虞詡者，則又以孝推及祖母者也。漢代于表揚孝子之外兼表孝孫，甚矣，古人之重孝行也。同書卷四十三：

> 朱穆年五歲，便有孝稱，父母有病，輒不飲食，差乃復常。

司馬彪續《漢書》卷五：

> 汝郁年五歲，母患病不能飯食，郁常抱持啼不肯食，母憐之，強為餐飯，欺言已愈，郁察母顏色不平，輒復不食，宗親共異之，因字曰叔異。

謝承《後漢書》卷五：

> 趙昱年十三，母嘗病，經涉三月，昱慘戚消瘠，至目不交睫，握粟出卜，祈禱泣血，鄉黨稱其孝。

朱穆、汝郁年五歲而知孝，親病輒不食，孝親孺慕之情，漾然紙上。趙昱母病侍親，至乃泣血不眠，若非儒家道德精神之瀰漫洋溢，深入人心，則童稚何知，乃能至此。《東觀漢記》卷十七：

> 姜詩性至孝，母好飲江水，令兒常取水，溺死，夫婦痛，恐母知，詐曰行學，歲歲作衣，投於江中，俄而涌泉出舍側，味如江水，日生鯉一雙。

袁山松《後漢書》：

> 隗相養母至孝，母好飲江流，相常隆冬取水，後一朝橫石浮江，無有難涉，由是顯名。

姜詩、隗相養親不辭難涉，姜詩其子乃至溺死，誠可痛也。子曰：「色難」，又曰：「至於犬馬，皆能有養，不敬，何以別乎？」若是，則詩、相可謂兼之矣。《後漢書》卷四十三：

> 樂恢父親，為縣吏，得罪於令，收將殺之，恢年十一，常俯伏寺門，晝夜號泣，令聞而矜之，即解出親。

樂恢者，救親於難而以孝名者也。同書卷八十四：

> 縣有孝女曹娥，年十四，父盱，溺于江，不得尸，娥號慕不已，遂赴江而死。

> 蜀中女子叔先雄，父泥和，為縣功曹，奉檄之郡，溺死，雄尋至溺處，投水死。其弟夢雄告以六日後，當與父同出，至期果二屍同浮於江。

曹娥、叔先雄，傷父之死，號慕而赴之江。其死也，非逼於外力，乃自求其人一己內心之所安而已。故其死，不僅為其生命之完成，而於人類社會，亦

得有助於世道人心之完成。此外有暑則扇牀枕，寒則以身溫席之黃香（《東觀漢記》卷十九），張霸年數歲而知孝讓，人號張曾子（《兩漢三國學案》卷八），雍儵、嬀皓爲親吮癰（《東觀漢記》卷廿一、《謝承書》卷七）等，皆以孝著名者也。今傳二十四孝中，兩漢孝親者三有其一，有如江革行傭供母，陸績懷橘遺親、蔡順拾椹供親、黃香扇枕溫衾、姜詩湧泉躍鯉等，皆足以激濁揚清而有助其時孝道之體認。

乙、事後母至孝

《姚輯東觀漢記》卷十九：

> 應順事後母至孝，精誠感應，梓樹生廳前屋上，徙置府庭，繁茂長大。

《後漢書》卷四十四：

> 胡廣時年已八十，而心力克壯。繼母在堂，朝夕瞻省，傍無几杖，言不稱老。及母卒，居喪盡哀，率禮而愍。

同書，卷二十八下：

> 馮豹年十二，母爲父所出，後母惡之，嘗因豹夜寐，欲行毒害，豹逃走，得免。敬事愈謹，而母疾之益深，時人稱其孝。

同書，卷二十九：

> 鮑永少有志操，事後母至孝，妻嘗於母前叱狗，而永即去之。

應順、胡廣、馮豹、鮑永皆事後母至孝，應順精誠，樹茂廳屋；胡廣年屆八十，猶且朝夕定省；馮豹後母疾之益深，豹敬事愈謹；至鮑永妻叱狗於母前，而永乃去之，其行雖過於「激詭」，然其時社會崇尚德教，習慣因之養成，東漢社會之安定，人才之多，良有以也。

丙、久　喪

儒家以爲喪葬之禮，乃人子之自盡其孝，最可發明人類本有之孝弟忠仁之心，故極爲看重喪葬之禮。《禮》言：「父母之喪，三年不從政；齊衰大功之喪，三月不從政。」漢興尚循此意立法，故大臣有告寧之科。並制定士民不爲親行三年之喪者，不得選舉。然漢自文帝遺詔短喪，以日易月，後世習以爲常，大臣無有行三年之喪者。東漢光武，告寧之典，廢而不行。明帝禁民厚葬，由是內外眾職，並廢喪禮。安帝時，一度獲准大臣行三年喪，其後以不便宦官，遂又絕之。桓帝永興二年（西元 154 年），趙岐議二千石得去官爲親行服，帝從之（《後漢書》卷六十四）。永壽二年（西元 156 年），初聽中

官得行三年服（卷七〈孝桓帝紀〉）。然延熹二年（西元 159 年），復斷刺史、二千石行三年喪（仝上），此後大臣遂不服三年喪制。然喪制已爲社會大眾所接受，士人多行之，而儒家經說浸潤人心，士人崇尚孝行，厚葬、久喪，自爲「孝子不匱，永錫爾類」與「愼終追遠」之孝道表現。茲舉例敍之：《後漢書》卷四十二：

> （東海孝王）臻及弟蒸鄉侯儉並有篤行，母卒，皆吐血毀眥。至服練紅，兄弟追念初喪父，幼小，哀禮有關，因復重行喪制。

同書，卷七十四上：

> 袁紹遭母憂去官，三年禮竟，追感幼孤，又行父服。

同書，卷三十九：

> 薛包喪母，以至孝聞。及父娶後妻而憎包，分出之……不得已，廬於舍外，旦入而灑掃，父怒又逐之。及廬於里門，昏晨不廢。……後行六年服，喪過乎哀。

《東觀漢記》卷十九：

> 李恂遭父母喪，六年，躬自負土樹柏，常在冢下。

劉臻、劉儉、袁紹，皆因母卒而追行父服。薛包、李恂亦因親喪而行六年服。夫久喪自孔子時子貢已爲之，下至東漢，久喪更爲孝義之延伸，而爲其時所認可，故於劉臻、劉儉，順帝有增臻五千戶之封；於薛包，安帝賜穀千斛，並以八月令長吏問起居，加賜羊酒，可見其時朝廷之獎尚，誠有助於孝道之實行。《後漢書》卷三十九：

> 周磐……後思母棄官，還鄉里。及母歿，哀至幾於毀滅。服終，遂廬於冢側。

同書，卷三十二：

> 樊儵事後母至孝，及母卒，哀思過禮，毀病不能支，世祖常遣中黃門朝暮送饘粥。

同書，卷三十九：

> 江革……及母終，至性殆滅，嘗寢伏冢廬，服竟，不忍除。

同書，卷二十六：

> 韋彪孝行純至，父母卒，哀毀三年，不出廬寢；服竟，羸瘠骨立異形，醫療數年乃起。

同書，卷二十九：

鮑昂有孝義節行。（父）德被病數年，昂俯伏左右，衣不緩帶；及處
喪，毀瘠三年，抱負乃行；服闋，遂潛于墓次，不關時務。舉孝廉，
辟公府，連徵不至，卒於家。

周磐、樊儵、江革、韋彪、鮑昂，皆以服喪毀瘠爲孝，而禮言喪事，必治杖
而起，〔註8〕故喪盡乎哀，服喪至於毀瘠，亦孝子思慕其親而自盡其孝之表現。
此外，如申屠蟠九歲喪父，哀毀過禮，服除，不進酒肉十餘年，每忌日，輒
三日不食（《後漢書》卷五十三）。魯丕年七歲，父卒，晝夜號泣，哀動路人
（同書，卷廿五）等，凡此皆孝行之著者也。其後察舉之弊漸生，違時絕俗
之行愈多，至乃居喪而奪情廢禮，以取虛譽，其薄甚矣。同書，卷六十六：

民有趙宣葬親而不閉埏隧，因居其中，行服二十餘年，鄉里稱孝，
州郡數禮請之。郡內以薦蕃，蕃與相見，問及妻子，而宣五子皆服
中所生，蕃大怒，遂致其罪。

同書，卷六十三：

甄邵諂附梁冀，爲鄴令。當遷爲郡守，會母亡，邵且埋屍於馬屋，
先受封，然後發喪。

《風俗通義》，卷二：

俗說：元服父字伯楚，爲光祿卿，於服中生此子。……君子不隱其
過，因以服爲字。

甄邵匿喪受封，趙宣服中生五子，元服則爲服中之子，是不僅服中產子，且
產子墓中也。而其時以服中生子爲犯禮傷孝之事，故陳蕃致趙宣於罪，可見
社會仍長存一是非標準。其後靈帝熹平六年，市賈民爲宣陵孝子者數十人，
皆除郎中太子舍人。蔡邕上封事曰：

今虛僞小人，本非骨肉，既無幸私之恩，又無祿仕之實，惻隱思慕，
情何緣生？而群聚山陵，假名稱孝，行不隱心，義無所依。（《東漢
會要》卷二十七）

若宣陵孝子之假名稱孝，以希祿仕，則又斯之爲下矣。

二、故主報恩

漢代郡國守相名義崇高，事權鉅大，不僅自專刑戮，並得以自辟屬吏。

〔註8〕《風俗通義・卷五・范滂傳》引《禮》：「禮不言事，辯（治也）杖而起。」

—99—

趙彥衛云：「漢郡守權重，據數千里之地，官屬皆自辟置，生殺亦自己出。」
（《雲麓漫鈔》）郡吏既由太守自辟，故郡吏對太守，其名分亦同爲君臣。《日
知錄》卷二十五所謂「王官之於國君，屬吏之於府主，其稱臣如故。」又云：
「漢人有以郡守之尊，稱爲本朝者。」故爲掾吏者，往往周旋於死生患難之
間，盡力於所事，以著其忠義者也。王夫之《讀通鑑論》卷六云：

> 然郡吏之於守，引君臣之義，效其忠貞，死則服之，免官而代爲之
> 恥，曲全其名，重恤其孤幼，乃至變起兵戎而以死衛之。如楚郡劉
> 平遇龐萌之亂，伏太守孫萌身上，號泣請代，身被七創，傾血以飲
> 萌，如此類者，盡東漢之世，不一而足。蓋吏之於守，其相親而不
> 貳也，天子不以沽恩附勢爲疑，廷臣不以固結朋黨爲非，是以上下
> 親而迭相維繫以統於天子。

王氏以郡吏之忠貞於太守，甚至不惜一死以代之，而歸結爲天下一統之因，
誠可謂知言矣。蓋東漢於「君爲臣綱」之風氣下，「貴忠」爲普遍之觀念，馬
融仿《孝經》作《忠經》，並云：「孝者俟忠而成立。」故「事親孝，故忠可
移於君，是以求忠臣必於孝子之門。」〔註9〕以忠爲孝之本，將孝之定義，又
加以擴展延伸爲忠之領域，故漢人不惟盡孝，且皆盡忠。並以忠爲人臣之首
要條件，觀《忠經・辨忠章》第十四：

> 夫忠而能仁則國德彰，忠而能知則國政舉，忠而能勇則國難清，故
> 雖有其能，必由忠而成也；仁而不忠則私其恩，知而不忠則文其詐，
> 勇而不忠則易其亂，是雖有其能，以不忠而敗也。

故人君對人臣「唯忠是取」，人臣對人君「以忠爲節」，明此，則東漢郡吏之
出生入死，殺身忘軀之死節，可以知之矣，茲舉例敍之。

甲、捍衛死君

《後漢書》卷三十九：

> 建武初，平狄將軍龐萌反於彭城，功敗郡守孫萌。（劉）平時復爲郡
> 吏，冒白刃伏萌身上，被七創，困頓不知所爲，號泣請曰：「願以身
> 代府君。」賊乃斂兵止，曰：「此義士也，勿殺。」遂解去。萌傷甚
> 氣絕，有頃蘇，渴求飲。平傾其創血以飲之。

同書，卷四十五〈袁安傳〉：

〔註9〕《後漢書・卷廿六・韋彪傳》。

（袁）祕為郡門下議生。黃巾起，祕從太守趙謙擊之，軍敗，祕與
功曹封觀等七人以身扞刃，皆死於陳，謙以得免。〔註10〕

劉平臨陣扞衛，身被七創，並傾血以飲萌。袁祕、封觀等七人，以身扞刃，以死免其君，其忠義精神，千古凜然。同書卷八十一〈獨行傳〉中，赤眉攻縣，劉茂與弟觸冒兵刃，負太守孫福踰城出縣。縣令劉雄為賊所攻，門下小吏所輔以身代雄，賊等遂戟刺輔，貫心洞背而死。彭脩父為郡吏，歸時為盜所劫，脩乃拔佩刀扞衛其父。周嘉從太守何敞討賊，敞為流矢所中，賊圍繞數十重，白刃交集，嘉擁敞以身扞之。凡此，皆能於生死患難之際，著其忠義也。

乙、舍命代罪

《後漢書》卷八十一：

索盧放初署門下掾，太守有事，當就斬刑。放前言曰：「……願以身代太守之命。」遂前就斬，使者義而赦之。

同書同卷：

戴就……仕郡倉曹掾，楊州刺史歐陽參奏太守成公浮臧罪，遣部從事薛安，案倉庫簿領，收就於錢唐縣獄。幽囚考掠，五毒參至。就慷慨直辭，……「奈何誣枉忠良，強相掠理，令臣謗其君，子證其父。」

索盧放、戴就皆舍命代罪。《白虎通·陰陽篇》：「善稱君，過稱己」、「臣有功，歸功於君」。可知君為臣綱，尊君抑臣為其時觀念，而舍身代罪，亦為道德精神之必然發展。然戴就匿太守臧罪，至身受五毒，或不免矯激，然孔子嘗以其父攘羊而子匿之，許以為直，孟子亦言瞽瞍殺人，舜必負之海濱而逃，可見戴就行事，究亦不失忠義。

丙、冒死收葬

《後漢書》卷四十三：

（樂恢）仕本郡吏，太守坐法誅，故人莫敢往，恢獨奔喪行服，坐以抵罪。

同書，卷六十三：

梁冀遂諷有司劾杜喬……，與李固俱暴尸於城北，家屬故人莫敢視

〔註10〕《後漢書·卷四十五·袁安傳》引謝承書，「所謂七人乃封觀與主簿陳端、門下督范仲禮、賊曹劉偉德、主記史丁子嗣、記室史張仲然、議生袁祕等七人擢刃突陳，與戰並死。」

者。喬故掾陳留楊匡聞之，號泣星行到洛陽，乃著故赤幘，託爲夏門亭吏，守衛尸喪，驅護蠅蟲，積十二日，……梁太后義而不罪…成禮殯殮，送喬喪還家，葬送行服，隱匿不仕。

謝承《後漢書》卷一：

（陸康）勤脩操行。太守李肅察孝廉，肅後坐事伏法，康斂尸送喪還潁川，行服禮終。

范曄於卷六十三論曰：「若義重於生，舍生可也；生重於義，全生可也。」立身之道，唯孝與忠，全生死之意，須得其所，若樂恢、楊匡、陸康等，可謂貴義而賤生也。

丁、服喪送葬

《後漢書》卷四十四：

胡廣年八十二薨，……故吏自公卿大夫博士議郎以下數百人，皆縗絰殯位，自終及葬。

同書，卷五十八：

傅燮聞所舉郡將喪，乃棄官行服。

同書，卷六十二：

司空袁逢舉有道，不應。及逢卒，（荀）爽制服三年，當世往往化以爲俗。

同書，卷三十七：

時太守向苗舉鸞孝廉，……始到官而苗卒，（桓）鸞即去職奔喪，終三年然後歸。

胡廣之喪，故吏行喪者多達數百人，漢興以來，未嘗有也，可見東漢郡吏太守關係之深且廣矣。傅燮、荀爽、桓鸞皆爲舉主服喪三年。此外李恂爲太守李鴻留起冢墳，持喪三年（《後漢書》卷五十一），桓典爲國相王吉負土成墳，立祠堂，服喪三年（同書，卷三十七），王允爲太守劉瓆送喪還鄉，終三年乃歸（同書，卷六十六），此三人皆爲郡守服喪三年者也。夫三年之喪，父母之喪不過三年，而郡將舉主之喪，竟與父母無別，雖亦爲過，然漢人多以此爲高。且其所云持喪制服，蓋謂制心喪之服，而非縗麻三年也《後漢書・卷六十二・荀爽傳》。《集解》引沈欽韓曰：「慈明知禮，必不爲舉主服非禮之服，當是中心喪如師耳」，是可證也。

三、尊崇師道

漢世講尚儒學，最重儒行，教者不厭不倦，學者亦步亦趨，自天子庶人無不以尊崇師道爲然。《荀子・致士篇》曰：「弟子通利則思師」，〈大略篇〉曰：「言而不稱師謂之畔，教而不稱師謂之倍，倍畔之人，明君不內，朝士大夫遇諸塗不與言。」故漢人說經最重師法，崇師恩，弟子嘗艱辛，冒犯難以赴師門之急者，史不絕書，而師道有以立焉。師歿之後，必爲之制服，《白虎通・卷十・喪服篇》：

> 弟子爲師服者，弟子有君臣、父子、朋友之道也，故生則尊敬而親之，死則哀痛之，恩深義重，故爲之隆服。

人於五倫，端賴於師教，故師之恩德，可配諸君父，而東漢之於師道尤爲重焉，茲述於下。

甲、代理冤抑

《後漢書》卷七十九上：

> 范升嘗爲出婦所苦，坐繫獄，（楊）政乃肉袒，以箭貫耳，抱升子潛伏道旁，候車駕，而持章叩頭大言曰：「范升三娶，唯有一子，今適三歲，孤之可哀。」武騎虎賁懼驚乘輿，舉弓射之，猶不肯去，旄頭又以戟叉政，傷胸，政猶不退。哀泣辭請，有感帝心，詔曰：「乞楊生師。」即尺一（古稱詔版）出升。

同書，卷三十三：

> 鄭弘師焦貺，楚王英謀反發覺，以疏引貺，貺被收捕，疾病於道亡沒，妻子閉繫詔獄，掠考連年。諸生故人懼相連及，皆改變名姓，以逃其禍，弘獨髡頭負鈇鑕，詣闕上章，爲貺訟罪。

同書，卷八十二上：

> 高獲師事司徒歐陽歙，歙下獄當斷，獲冠鐵冠，帶鈇鑕，詣闕請歙。

范升肉袒，以箭貫耳而乞師罪，鄭弘髡頭負鈇鑕，爲師訟罪，高獲冠鐵冠，帶鈇鑕，以請師罪，三者皆以苦節而乞師罪，師生恩義之情，千古如生。其敦崇師誼，雖孔門弟子，不是過也。

乙、去官奔喪

《後漢書》卷六十四：

> 延篤以師喪棄官奔赴，五府並辟不就。

同書，卷六十七：

> 孔昱以師喪棄官，卒於家。

同書，卷七十九：

> 任末……後奔師喪，於道物故。臨命，勅兄子造曰：「必致我尸於師
> 門，使死而有知，魂靈不慙；如其無知，得土而已。」

延篤、孔昱、任末皆以師喪而去官，而任末且於奔喪時卒於道，遺命必置尸於師門，使死而不慙。蓋師生既以道義合，於情於理，服喪爲必然之事，觀任末之言，尤將東漢崇師道而不忘其本之道德精神，一語道出矣。

丙、冒死送葬

《後漢書》卷六十九：

> （竇）武府掾胡騰，少師事武，（武死），獨殯斂行喪，坐以禁錮。

同書，卷三十一：

> 廉范……事博士薛漢，……會薛漢坐楚王事誅，故人門生莫敢視，
> 范獨往收斂之。

同書，卷六十三：

> （李固）誅，……弟子汝南郭亮，年始成童，……乃左提章鉞，右
> 秉鈇鑕，詣闕上書，乞收固屍，不許。……亮曰：「亮含陰陽以生，
> 戴乾履坤。義之所動，豈知性命，何爲以死相懼。」

胡騰、廉范、郭亮皆不勝師資弟子之情，冒死收葬。而亮言「義之所動，豈知性命」，尤爲《正義》凜然。蓋死生有命，而處死尤難，苟得一義而死，又何憾焉。

丁、服喪送葬

《後漢書》卷八十二上：

> 李郃卒，……門人上黨馮胄獨制服，心喪三年。

同書，卷三十七：

> 桓榮……事博士朱普，……會朱普卒，榮奔喪九江，負土成墳。

同書，卷六十二：

> 荀淑……當世名賢李固、李膺等皆師宗之。……年六十七卒，李膺
> 自表師喪。

李郃、桓榮、李膺皆爲師喪持服，此外，如鄭玄卒，自郡守以下嘗受業者，縗絰赴會千餘人（同書，卷三十五），樂恢死，弟子縗絰輓者數百人（同書，

卷四十三），趙康隱武當山，清靜不仕，以經傳教授。朱穆時年五十，乃奉書稱弟子，康歿，喪之如師（仝上），東漢士人之尊師重道，可謂盛矣。《禮記》有云：「事師無犯無隱，左右就養無方，服勤至死，心喪三年。」東漢儒風盛行，行事一以經義為歸，而師道之重者若此，其與後世之薄於師誼，「賤師輕傅」（荀子語），何若天壤之別矣。

四、競尚復仇

復仇為一古禮，起源頗早，其事可徵諸《周禮》。〔註11〕東漢立節赴義之士，競尚復仇；其輕死重氣，怨惠必仇，甚至睚眥之忿，至於相殺，實有類於刺客任使，然其能見容於漢世，則以復仇一事，在經則獎之，於律則不可，故雖干法網，終得寬宥。《禮記》載：

> 父之讎，弗與共戴天，兄弟之讎，不反兵。交遊之讎，不同國。（〈曲禮〉）

> 子夏問於孔子曰：「居父母之仇如之何？」夫子曰：「寢苫枕干，不仕，弗與共天下也，遇諸市朝，不反兵而鬥。」（〈檀弓〉）

《公羊傳》亦載：

> 君弒，臣不討賊，非臣也。子不復讎，非子也。（隱十一年）

> 九世猶可以復讎乎？雖百世可也。（莊四年）

> 父不受誅，子復讎可也；父受誅，子復讎，推刃之道也。（定公四年）

《禮記》、《公羊》皆獎復仇，而《公羊》發明復讎之義，更為深切。蓋人之大仇，孰有大於國亡親辱者？覆巢之下，何有完卵？親戚皆亡，何忍獨生？故國與己，一體也。親與己，一體也。不以國之仇為仇，不以親之仇為仇，是非人也。此古之君子所以教忠教孝而倡復仇之義也。《論語》有云：

> 子曰：「見義不為，無勇也。」

《周禮》疏云：

> 義、宜也。父母兄弟師長三者嘗辱焉，子弟及弟子則得殺之，是得其宜。古者質，故三者被辱，即得殺之也。

〔註11〕《周禮・地官》司徒調人：「凡和難，父之讎辟諸海外，兄弟之讎辟諸千里之外，從父兄弟之讎不同國，君之讎視父，師長之讎視兄弟，主友之讎視從父兄弟。」

其意乃以父母、兄弟、師長之辱，爲己之辱，殺之宜也。漢世承此經義，而尤爲盛行。其官吏不禁私怨，而於仇怨，取調解制度，故設有調解之官。《周禮·地官·調人》云：「凡有鬥怒者成之。」鄭司農云：「成之謂和之也。和之猶今二千石以令解仇怨，後復相怨，移徙之，此其類也。」《太平御覽》卷五百十八引王褒〈集僮約〉注：「漢官不禁報怨。民家皆高樓，鼓其上。有急即上樓擊鼓，以告邑里，令救助。」故官吏只採調解，並不訴之於訟，若復相怨，則移徙之。移徙之法，東漢初年學者仍持此一主張，《後漢書》卷廿八上桓譚陳時政疏：

> ……今人相殺傷，雖已伏法，而私結怨讎，子孫相報，後忿深前，至於滅戶殄業，而俗稱豪健，故雖有怯弱，猶勉而行之，此爲聽人自理而無復法禁者也。今宜申明舊令，若已伏官誅而私相傷殺者，雖一身逃亡，皆徙家屬於邊，其相傷者，加常二等，不得雇山贖罪。

桓譚之疏，正說明東漢初年報仇風氣之普遍，所謂「俗稱豪傑，故雖爲怯弱，必勉而行之」，正謂此也，而譚所採，亦鄭司農所謂移徙之法也。復仇曾一度爲朝廷所寬宥，有所謂「輕侮法」，其事見於章帝建初年間，《後漢書》卷四十四：

> 建初中，有人侮辱人父者，而其子殺之，肅宗貰其死刑而降宥之，自後因以爲比。是時遂定其議，以爲輕侮法。

輕侮法主要在寬宥人子復仇之罪，可見其時對於復仇，仍採護持態度。此制定議於和帝永元中，然其後巧詐滋萌，張敏遂有駁輕侮法議：

> ……《春秋》之義，子不報讎，非子也。……今託義者得減，妄殺者有差，使執憲之吏得設巧詐，……又輕侮之比，寖以繁滋，至有四五百科，轉相顧望，彌復增盛，難以垂之萬載。

又上疏云：

> ……臣愚以爲天地之性，唯人爲貴，殺人者死，三代通制。今欲趣生，反開殺路，一人不死，天下受敝。……和帝從之。（《後漢書》卷四十四）

故知和帝時曾立輕侮法，而以張敏之駁議，遂又廢之。然復仇既爲古禮，又爲經義所褒勸，官吏每不忍禁之以阻絕孝心，故多屈法以生之。所謂「君子之行，動則思義，不爲利回，不爲義疚，進退周旋，唯道是務。苟失其道，則兄弟不阿；苟得其義，雖仇讎不廢」（同書，卷八十下〈劉梁傳〉），正見東漢復仇風氣之盛行。觀《後漢書》復仇之例多矣，茲分述之。

甲、為親復仇

《後漢書》卷三十一：

> 蘇不韋父謙……為司隸校尉李暠……拮掠，死獄中，暠又因刑其屍，
> 以報昔怨。……不韋與親從兄弟潛入詹中，夜則鑿地，晝則逃伏。……
> 遂得傍達暠之寢室，出其牀下。值暠在廁，因殺其妾并及小兒……
> 掘其父阜冢，斷取阜頭，以祭父墳。

《後漢紀・光武紀》：

> ……壽光侯劉悝，更始少子也。得幸於沛王輔。悝怨盆子殺其父，
> 因輔結客報殺盆子兄故式侯恭。

雖為女子，亦手刃父讎，《後漢書》卷五十三：

> 同郡緱氏女玉為父報讎，殺夫氏之黨。

蘇不韋以其父遭李暠之考掠刑屍，盆而發掘冢墓，歸罪枯骨，時大儒何休方之伍員，郭林宗譽其「力唯匹夫，功隆千乘」，可謂極矣。劉悝其父為盆子所殺，因結客殺其兄，此桓譚所謂「子孫相報，後忿深前」者也。緱玉雖為女子，亦且手刃父仇，其時申屠蟠年儘十五，曰：「玉之節義，足以感無恥之孫，激忍辱之子。不遭明時，尚當表旌廬墓，況在清聽，而不加哀矜」，故縣令乃為減死一等（同書，卷五十三）。此外如萬良為父報仇，縣令周躬解械放良（謝承《後漢書》卷八）。有孝子為父報仇，齊相橋玄愍其至孝，欲上讞減，縣令路芝殺之，玄自以為深負孝子，捕得芝，笞殺以謝孝子冤魂（同書，卷二）。有報父仇賊自出，張歆解械發遣，歆遂棄官亡命，逢赦，鄉里高其義（《東觀漢記》卷十一）。防廣為父復仇繫獄，縣令鍾離意乃聽其歸家殯斂，後還入獄，得減死（《後漢書》卷四十一）。凡此皆以義犯法，時人皆貴之，是以官吏每多屈法以生之，甚至不惜棄官亡命，以全其至孝之心也。

除為父復仇外，又有為母復仇如陽球（卷七十七），為兄復仇如劉賜（卷十四）、崔瑗（卷五十六）、魏朗（卷六十七），為弟復仇如王常（卷十五）、杜詩（卷卅一），為夫復仇如許升之妻呂榮（卷八十四），為子復仇如呂母（卷十一），為師復仇如夏侯惇（《三國志・魏志》卷九），為舅復仇如翟酺（《後漢書》卷四十八）、賈淑（謝承《後漢書》卷四），為從兄復仇如趙熹（《後漢書》卷廿六）等，凡此或為父、為母、為兄、為夫、為子、為師、為舅、為從兄復仇等，皆為東漢時人民氣剛強，恩怨分明之表現。而蘇不韋、翟酺、崔瑗、賈淑被赦，緱玉、防廣得減死論，陽球由是知名，杜詩因而被徵，此

皆所謂「義之所動，雖仇讎不廢」，而道德精神之盛行，社會民情之鼓盪，有不能自已者也。觀其復仇亦非恣殺無辜，如趙熹爲從兄復仇，而仇家皆疾病，熹以因疾報殺，非仁者心，且釋之而去。顧謂仇曰：「爾曹若健，遠相避也。」觀此，則知復仇爲其時社會之公理，直道之標準；趙熹以仁者不因其疾而復仇，則儒者之存心可知也。且復仇所以延伸至兄弟、從父、從兄弟之範圍，觀東漢末年荀悅之言可知矣。《申鑒・卷二・時事》：

> 或問復讎，古義也。曰：縱復讎可乎？曰：不可。曰：然則如之何？
> 曰：有縱有禁，有生有殺，制之以義，斷之以法，是謂義法並立。
> 曰：何謂也？曰：依古復讎之科，使父讎避諸異州千里，兄弟之讎
> 避諸異郡五百里，從父、從兄弟之讎避諸異縣百里，弗避而報者無
> 罪，避而報之殺。犯王禁者罪也，復讎者義也。……

荀氏之復仇觀，正可代表其時士人所持復仇之看法。其以復仇爲古義，又因仇之親疏制以避讎遠近之法，此所謂「避讎有科」也。於此，一則可見其時復仇對象之擴展，一則亦見時人之尊古義，而常與王制相折衷也。故東漢復仇之風實能自成一大特色。

乙、借交復仇

> 何顒……友人虞偉高，有父讎未報，而篤疾將終，顒往候之，偉高
> 泣而訴。顒感其義，爲復讎，以頭醊其墓。(《後漢書》卷六十七)
>
> （郅）惲友人董子張者，父先爲鄉人所害，及子張病，將終，惲往
> 候之。子張垂歿，視惲，歔欷不能言。惲曰：「吾知子不悲天命，而
> 痛讎不復也。子在，吾憂而不手；子亡，吾手而不憂也。」子張但
> 目擊而已。惲即起，將客遮仇人，取其頭以示子張。子張見而氣絕。
> (《後漢書》卷二十九)

何顒、郅惲皆爲友復仇。古人之於朋友也，有責善之情，有通財之誼，有往來酬酢之禮，友死則哭之於寢(《禮記・檀弓》)，甚者遇友有難，或爲之捐軀。《禮記・曲禮》：「父母在，不許友以死。」則許友以死，自爲古禮，其事至漢仍因之，此即「借交報仇」之源由也。郅惲爲友復仇，乃詣縣自首。惲曰：「爲友報讎，吏之私也。奉法不阿，君之義也。虧君以生，非臣節也。」其時惲爲門下掾，故有此請，然縣令忠其義，乃拔刀自向以要惲曰：「子不從我出，敢以死明心」，惲得此乃出。可見許友以死，亦爲當時民情所許可，雖干法網，縣令皆爲求其理，故多得生濟。《後漢書》卷八十三：

　　周黨……鄉佐嘗眾中辱黨……後讀《春秋》，聞復讎之義，便報講而

還……，期剋鬥日。……鄉佐服其義，……州里稱其高。

　　祭遵常爲亭長所侵辱，遵結客殺亭長，縣中稱其儒而有勇也。（《後

漢記》）

周黨感《春秋》之義，辭師復仇，當時論者，猶高其節。案《春秋》之義，
復仇以死敗爲榮，故鄉佐服其義，〔註12〕祭遵殺亭長以報侵辱之仇，縣中稱
其儒而有勇。可見事出於義憤，而報仇私鬥，爲儒者之義，故周黨雖敗，時
人猶稱其高。其時「輕死重氣，怨惠必讎」，所謂「一餐之德必償，睚眥之怨
必報」，已爲舉世所尙，其後雖流於「詭激」，而不自知其非也。

五、崇讓之風

　　禮貴讓，不貴爭。名利富貴權位，皆人之所爭也，於此三者而能讓，可
謂難能。至於讓國讓天下，此眞人情之所難，而能讓之，誠可謂道德精神之
至高表現。儒家政治全在天下爲公，故重禪讓政治、選賢與能。漢代，政治
流行五德終始之論，所謂「五德轉移，治各有宜，而符應若茲。」此種學說
乃依五行生剋之義以立說，五德運行，運終則退，朝代更易，德運亦變，此
即儒家政治崇讓之意也，而儒家經術常稱美堯舜者亦以此。孔子曰：「能以禮
讓爲國乎，何有？」《尚書‧堯典》首贊堯曰：「允恭克讓」，可見儒家發揮崇
讓之意。所謂「君興讓則息兵；臣興讓則息貪；庶民興讓則息訟。故天下莫
不亂於爭，而治於讓。」（孔廣森）以讓爲治，正是天下爲公之本意也。

　　降及西漢，太史公之《史記》，亦有意以禪讓政治爲全書之經緯，如〈本紀〉
敍帝王，起自黃帝，特襃美堯舜讓天下之德；〈世家〉敍王侯，而以吳世家爲始，
亦以泰伯有讓國之美；〈列傳〉敍士庶，以伯夷、叔齊爲首，二人皆有讓國之德。
並於〈自序〉中云：「末世爭利，維彼奔義，讓國餓死，天下稱之」，可見史公
於崇讓之德特爲襃重，史公之崇讓，當有其個人襟懷之崇高理想，然亦不乏受
時代思潮之影響，觀西漢時，已有韋玄成讓爵、楊惲讓財之行，〔註13〕下至東

〔註12〕《風俗通義校注》卷四，引惠棟云。

〔註13〕《漢書‧卷七十三‧韋玄傳》：「……韋賢薨，（子）玄成在官聞喪，又言當爲
　　　　嗣，玄成……即陽爲病狂，臥便利，妄笑語昏亂。徵至長安，旣葬，當襲爵，
　　　　以病狂不應召。」又卷六十六〈楊敞傳〉：「初，（楊）惲受父財五百萬，及身
　　　　封侯，皆以分宗族，後母無子，財亦數百萬，死皆予惲，惲盡復分後母昆弟，
　　　　再受訾千餘萬，皆以分拖，其輕財好義如此。」

漢，民風淳厚，士氣崢嶸，而讓風愈盛。

東漢士人之讓行，可分讓爵、讓舉、讓財諸端，茲分述之：

甲、讓　爵

父有高爵，長子應襲爵祿，逃避不受，以讓其弟謂之讓爵。蓋父子之道，本於天性，兄弟之道，亦本於天性。兄弟之情，乃原於父子者也。兄弟之爭國爭爵，以致白刃相接者，史不絕書，是以兄弟之道，最貴相讓。《後漢書》卷三十九：

> （劉）愷……以當襲（父）般爵，讓與弟憲，遁逃避封。……積十餘歲，……和帝納之。

同書，卷十九：

> （耿）國……父況卒，國於次當嗣，上疏以先侯愛少子霸，固自陳讓，（光武）有詔許焉。

同書，卷四十四：

> 鄧彪父邯，中興初以功封鄲侯，……父卒，讓國於異母弟荊鳳，顯宗高其節，下詔許焉。

劉愷、耿國、鄧彪時當光武、明、章之際，其讓不僅得帝見許，且時人亦高之，如鄧彪，顯宗高其節而許焉。劉愷，賈逵奏其「景仰前脩，有伯夷之節，宜蒙矜宥，全其先功，以增聖朝尚德之美。」（卷三十九）夫讓之一端，夫子美之，觀《論語》於夷、齊、泰伯之辭讓，夫子許之以「至德」、「古之賢人」。東漢初年，由於帝王之尚德，於讓之一端更加褒美。《大學》云：「一家仁，一國興仁；一家讓，一國興讓。」朝廷獎勸，而讓風大行。況察舉制度，每舉孝廉，如能讓爵，不僅可不爭爵位以全悌道，於其身也，亦能潔己以收克讓之名，於義不亦善乎！

上舉三人，皆讓而見許，然亦有不見許者，如光武時張純遺敕，勿議傳國，子奮固不受，光武以奮違詔，敕收下獄，奮惶怖乃襲封（卷卅五）。王閎封侯而讓爵，光武奇而徵之（卷七十六）。明帝時，桓郁當襲（父桓榮關內侯）爵，上書讓於兄子汎，明帝不許，不得已受封，悉以租入與之（卷卅七）。丁鴻當襲（父緱陵陽侯）爵，上書讓予弟盛，不報（仝上）。安帝時徐衡當嗣（父防龍鄉侯）爵，讓予弟崇，數歲，乃出就爵（卷四十四）。順帝時郭賀當嗣（父鎮定潁侯）爵，讓與小弟時而逃出，積數年，乃出受封（卷四十六）。由光武至順帝百餘年間，讓風不絕，足見崇讓之德深入民心，而為社會所崇尚。觀

丁鴻之全悌德以讓爵，可知矣。《後漢書》卷卅七：

> 初，綝從世祖征伐，鴻獨與弟盛居，憐盛幼小而共寒苦。及綝卒，……
> 上書讓國於盛，不報。既葬，乃挂縗絰於冢廬而逃去。……與（友）
> 鮑駿遇於東海，陽狂不識駿。駿乃止而讓之曰：「昔伯夷、吳札亂世
> 權行，故得申其志耳。《春秋》之義，不以家事廢王事。今子以兄弟
> 私恩而絕父不滅之基，可謂智乎？」鴻感悟，垂涕歎息，乃還就國，
> 開門教授。

丁鴻憐弟幼小而共寒苦，此其能盡悌道也，其後讓爵於弟，此乃悌道之見於
讓爵也。又，孔融四歲而知讓梨（卷七十），周燮始在髫齔，而知廉讓（卷五
十三），童稚雖小而知廉讓，此非儒術浸潤人心之深，道德民風淳樸之所致，
吾不信也。

乙、讓　舉

意即避舉不就，以讓親屬也，《後漢書》卷四十五：

> 封觀……當舉孝廉，以兄名位未顯，恥先受之，遂稱風疾，瘖不能
> 言。……後數年，兄得舉，觀乃稱損（病減也）而仕郡焉。

同書，卷七十六：

> （童）翊，名高於（兄）恢，宰府先辟之。翊陽瘖不肯仕，及恢被
> 命，乃就孝廉。

封觀、童翊皆以兄未舉，恥先受之，而陽疾避舉。此外，如田煇亦以避舉於
兄，遂託病瘖（《風俗通義》卷五），此皆讓舉於兄也。亦有讓舉於弟，如許
武以二弟晏、普未顯，不惜貪婪家財以稱弟克讓之名，後二弟並舉，乃會宗
親，泣前行，而悉以財推二弟，於是遠近稱之（《後漢書》卷七十六）。魯恭
憐（弟）丕小，欲先就其名，託疾不仕，建初中，丕舉方正，恭始為郡吏（卷
廿五）。皇甫規連在大位，欲退避弟，因令客密告刺史，言規違法（《風俗通
義》卷四）。有讓舉於父者，如劉矩以父叔遼未舉，遂絕州郡之命，太尉太傅
嘉其孝敬，其父乃得辟舉（同書，卷五）。有讓舉於鄉人長者，如郭丹，太守
薦為功曹，丹薦鄉人長者自代而去（《後漢書》卷廿七）。有讓舉於友者，陳
重舉孝廉以讓雷義，義舉茂才亦讓重，義遂陽狂被髮走，不應命。鄉里語曰：
「膠漆自謂堅，不如雷與陳」，三府同時俱辟（同書，卷八十一）。是以或讓
舉於兄、於弟、於鄉人、於朋友，東漢之崇讓，由父子之孝讓，而兄弟之悌
讓，進而推諸鄉人朋友之義讓矣。此皆為難能，而當時以為「至德」者也。

然其究「以家事廢王事」、「以兄弟之恩而絕父不滅之基」，可謂行悌道而棄忠愛之心也，是以其後難免流於詭激徇名之議，《後漢書》卷卅七范曄論曰：

> 太伯稱至德，伯夷稱賢人。後世聞其讓而慕其風，徇其名而昧其致，所以激詭行生而取與妄矣。至夫鄧彪、劉愷，讓其弟以取義，使弟受非服而已厚其名，於義不亦薄乎！

范曄譏辭讓之非義，然東漢崇讓之風，已爲士人道德之一端。其時既重經義，而經義之講尚，致使士人行止常流於「過激」而不自知。如丁鴻聞鮑駿語，泣而就爵；桓郁襲父爵，而悉以租入與其兄子汎，審其存心，可謂厚矣。又如讓舉，田暉僞託病瘂，四年不言，許武不惜自污以成弟名，此皆以苦節欲上法古道而不得其中者，其行雖不合古義，亦時代所尚耳。

丙、讓　財

《後漢書》卷卅一：

> 張堪早孤，讓先父餘財數百萬與兄子。

《東觀漢記》卷十八：

> 鄭均……失兄……養孤兒兄子甚篤。已冠娶，出令別居並門，且盡推財與之。

張堪、鄭均皆讓財予兄子，此外，樊梵（《後漢書》卷卅二）、樊準（仝上）、高鳳（卷八十三），皆讓財予孤兄子。亦有讓財予兄如戴幼起（《風俗通義》卷四），有讓財予從昆弟者，如韓稜推先父餘財數百萬與從昆弟（《後漢書》卷四十五）。有讓財予九族，如荀恁資財千萬，悉散九族（卷五十三）。有財三千萬而悉以賑卹宗族及邑里之貧者，如种暠（卷五十六）。有分損租奉，贍卹宗親者，如張奮（卷卅五），有推財孤寡，分賄友朋者，如桓鸞（《東觀漢記》卷十六）。然亦有一郡之中，推財相讓者二百許人（《後漢書》卷四十三）。是以或讓財於兄、於兄子、於從昆弟、於九族、於邑里之貧，於孤寡友朋，……甚至一郡之讓財達二百餘人，是不僅讓財於血親手足，進而推諸九族孤寡友朋。東漢民風之篤於故舊，可謂情義深而施澤廣矣。是以凡我族人，皆能散財普濟以活之，於世人熙攘爭奪之外，別開一溫暖有情人間，可謂難得矣。然或亦不免流於激詭，如《風俗通義》卷四：

> 戴幼起，三年服竟，讓財與兄，將妻子出客舍中，住官池田以耕種。……後舉孝廉，爲陜令。

應劭評其「飾僞」，又曰：「凡同居，上也；通有無，次也；讓其下耳。」，兄

弟既無離異之義，戴幼起既不能與兄同居，又不能通財之有無，故蒙「飾僞」之名，其後竟舉孝廉。其時張湛非禮不動，遇妻子若嚴君，三輔以爲儀表，人或謂之詐，湛曰：「我誠詐也，人皆詐惡，我獨詐善，不亦可乎」（《後漢書》卷廿七），其行雖後人視之，有莫得窺其情者，而《左傳》有云：「聖達節，次守節，下失節。」東漢士人雖上不能「達節」，而有「詐善」、「飾僞」之譏，然其能自重自立，耿介特立，亦得乎其次矣。

六、清廉高節

東漢察舉，既重孝廉，影響所及，朝廷重廉吏，社會尚廉潔，而養成士人清廉高節之風。究其原因，可追溯開國君主之提倡。《後漢書·卷七十六·循吏傳序》：

> （光武）身衣大練，色無重綵，耳不聽鄭衛之音，手不持珠玉之玩，……勤約之風，行于上下。

光武之抑情絕欲，而造成開國上下勤約之氣象，廉吏高節之士倍出。觀士人或一介不取，或操行清廉，或以儉化俗等，將士人皎潔清屬之風骨完全呈現，茲分述之：

甲、廉　吏

《後漢書》卷五十六：

> 郡中豪族多以奢靡相尚，（王）暢常布衣皮褥，車馬羸敗，以矯其敝。同郡劉表時年十七，從暢受學。進諫曰：「夫奢不僭上，儉不逼下，……蘧伯玉恥獨爲君子。府君不希孔聖之明訓，而慕夷齊之末操，無乃皎然自貴於世乎？」暢曰：「……夫以約失之鮮矣。聞伯夷之風者，貪夫廉，懦夫有立志。雖以不德，敢慕遺烈。」

同書，卷三十一：

> 時權豪之家多尚奢麗，（羊）續深疾之，常敝衣薄食，車馬羸敗。府丞嘗獻其生魚，續受而懸於庭；丞後又進之，續乃出前所懸者以杜其意。

謝承《後漢書》卷一：

> 羊續爲南陽太守，志在矯俗，裳不下膝，彈琴出肘，鹽鼓共一壺。

謝承《後漢書》卷二：

> 趙咨爲東海令，人遺其雙枯魚，噉之二歲不盡，以儉化俗。

王暢、羊續、趙咨皆以權豪多尚奢靡，故以儉化俗，蓋東漢自和帝以後，外戚貴族，擅權專政，驕奢浮佚，僭越主上，其「衣服飲食，車輿文飾廬舍，皆過王制」（《潛夫論・浮侈篇》），上行下效，社會民眾亦競相「奢衣服，侈飲食，事口舌而習調欺，以相詐紿」（仝上），以致浮華成風，虛偽不實。縣令太守有鑒於此，往往勤約其身以示下，借矯其敝。觀王暢所引《論語》「以約失之鮮矣」，並欲上法古之遺烈，以勗貪懦，則其行不僅合於經義，又能挽世俗之頹風以高標於世，誠為難能矣。此外，縣令太守亦多廉能之事，有計日受俸如羊茂（謝承《後漢書》卷六）、楊秉（卷三）、王暢（仝上）。有妻子不入官舍如王良（《後漢書》卷廿七）、羊續（卷卅一）、羊茂（承書卷六）。有布被瓦器，家無貨積如王良（《後漢書》卷廿七）、羊續（卷卅一）、劉寵（卷七十六）、李咸（承書卷二）。有處官清廉，不言貨利如唐約，京師謠曰：「治身無嫌唐仲謙」（承書卷八）；張磐，京師謠曰：「聞清白，張子石」（仝上）；有病死不受贈賻如徐栩（卷七）、羊定（仝上）等；亦有明帝時，不拜贓穢之寶如鍾離意（《後漢書》卷四十一）；蜀郡太守廉犯，生子皆以廉為名。可見縣吏之倡廉，不僅欲矯當世奢靡之風，於其身也，則亦躬親踐履，觀其布被瓦器、計日受俸、病死不受贈賻之際，真可謂「仰不愧天，俯不怍地」也。夫人必無求而品德自高，若東漢廉吏，於漢制祿秩淺薄〔註14〕之際，尚能自奉若此，可謂清矣。

乙、廉　士

《後漢書》卷卅七：

> 桓曄……修志介，一餐不受於人。舉孝廉、有道、方正、茂才，三公並辟，皆不應。

謝承《後漢書》卷七：

> 聞人統……行則負擔，臥則無被，連麛皮以覆，不受人一餐之饋。

桓曄、聞人統皆修行志潔，一介不取之廉士也。此外，有非身所耕漁則不食之周燮（《後漢書》卷五十三），有非其衣不衣，非其食不食之徐穉（承書卷三），有含菽飲水，人遺生蒜而不食之節士閔貢（卷七），有家貧不受禮賂，衣服單露之秦護，鄉人歌曰：「冬無袴，有秦護」（卷八），甚至有飢不得食，寒不得衣，一介不取，曾過娣飯，留錢默去，每行飲水，投錢井中之郝子廉

〔註14〕漢代俸祿微薄，如《荀悅・申鑒》卷二：「古之祿也備，今之祿也輕」。《群書治要》卷四十五，崔寔《政論》：「今所使分威權、御民人、理獄訟、幹府庫者，皆群臣之所為，而其奉祿甚薄，仰不足以養父母，俯不足以活妻子。」

（《風俗通義》卷三）等，此皆清廉高節，不取非分之廉士也。上焉者既倡廉風，下焉者篤守節操不渝，雖不免流於詭激而不近情理，然「以約失之者鮮矣」，儉則無失，夫子之言，信不誣也。

七、盜亦有道

重經術、尊儒士，向爲我民族之特色。是以孔子曰：「朝聞道，夕死可矣」，孟子曰：「孔子賢於堯舜。」東漢經術極盛，上焉者尊禮儒士，下焉者講尚氣節，而士人自尊、自重、自愛之風骨於焉形成。東漢士氣崢嶸，民氣剛強，貞介操守之士，俯拾皆是，東漢國力之源泉在此。影響所及，東漢盜賊對於賢儒，皆能遵禮，而不敢稍加侵犯。觀其不肆殺戮，或不犯名儒閭里，或感忠義，或感至孝，或感悌道而釋之，誠所謂「盜亦有道」，茲述於下：

甲、尊禮賢儒，不犯閭里

《後漢書》卷廿五：

> 孔融……告高密縣爲玄特立一鄉，曰「鄭公鄉」。……廣開門衢，……號爲「通德門」。……建安元年，自徐州還高密，道遇黃巾賊數萬人，見玄皆拜，相約不敢入縣境。

同書，卷四十五：

> 黃巾賊起，攻沒郡縣，百姓驚散，（袁）閎誦經不移。賊相約語不入其閭，鄉人就閎避難，皆得全免。

同書，卷七十九下：

> （包咸）爲赤眉賊所得，遂見拘執。十餘日，咸晨夜誦經自若，賊異而遣之。

黃巾賊遇鄭玄而拜，遇袁閎、包咸之誦經不移，異而遣之，甚乃不入其閭，盜賊之尊經術與儒士明矣。此外有匈奴聞其名而不入其閭之荀恁（卷五十三），有賊聞其賢，相戒不入羸境之韓韶（卷六十二），有奉命討賊，賊服其名德而降之陳眾（承書卷八），此皆東漢士人之修德立名，致使賊服德名，不敢有所凌犯。有如數萬賊，見鄭玄皆拜，千百年之下，想見其情狀，猶不免惓惓嚮往，賊輩尚且崇敬若此，社會重德教之風氣可知矣。

乙、兄弟爭死或乞代先死，賊遂兩釋

謝承《後漢書》卷三：

（姜）肱與季江俱乘車行適野廬，爲賊所劫，取其衣物，欲殺其兄
弟。肱謂盜曰：「弟年幼，父母所憐愍，又未聘娶，願自殺身濟弟。」
季江言：「兄年德在前，家之珍寶，國之英俊，乞自受戮，以代兄命。」
盜戢刃曰：「二君所謂賢人，吾等不良，妄相侵犯。」棄物而去。

《後漢書》卷卅九：

天下亂，人相食。（趙）孝弟禮爲餓賊所得，孝聞之，即自縛詣賊，
曰：「禮久餓羸瘦，不如孝肥飽。」賊大驚，並放之。

姜肱、季江兄弟爭死，趙孝自縛乞代弟死，此外如王琳亦乞代弟死（仝上），
車成乞代兄死（承書卷二），此皆甘殉生命以全悌德者也。又如魏譚願先等輩
死（《後漢書》卷卅九），此其心又超乎其上矣。其能視死生如一，既事不兩
全，甘殉己以全其德，此種操守，實所謂於仁至中求義盡也。而盜賊有感於
此，俱以釋之，苟非受其道德精神之感召，曷可致此。

丙、感其忠義，至孝而釋之

《後漢書》卷八十一：

賊張子林等數百人作亂，……（彭）脩與太守俱出討賊，……脩障
扞太守，而爲流矢所中死，太守得全。賊素聞其恩信，即殺弩中脩
者，餘悉降散。言曰：「自爲彭君故降，不爲太守服也。」（周）嘉
從太守何敞討賊，敞爲流矢所中，……嘉乃擁敞，以身扞之。……
請以死贖君命。賊……曰：「此義士也！」給其車馬，遣道之。（仝
上）

龐萌反於彭城，……（劉）平冒白刃伏（郡守）孫萌身上，被七創，……
號泣請曰：「願以身代府君。」賊乃斂兵止，曰：「此義士也，勿殺。」
遂解去。（卷三十九）

彭脩、周嘉、劉平皆以捍衛太守，而脩死，平身被七創，周嘉得與太守免，
此皆盜賊有感於忠義而釋之也。此外，亦有感於至孝而釋之者，如盜劫趙咨
家，咨請以老母八十，疾病須養，乞少置衣糧。盜慚而跪辭曰：「所犯無狀，
干暴賢者」，言畢奔去（卷三十九）。郇玼值天下亂，獨在冢側，賊見其幼而
有節，奇而哀之（《東觀漢記》卷廿一）。姜詩事母至孝，……赤眉散賊經詩
里，弛兵而過曰：「驚大孝，必觸鬼神。」（《後漢書》卷八十四）大孝能觸鬼
神，則舉凡大忠、大勇、大仁等節目，皆可感天地而泣鬼神矣。是以賊雖於
食人、搶掠、殺戮等惡行，皆肆無忌憚，而於處變不易其節之士，獨能釋之、

義之、甚至拜之，可見士人之守節必有過人之處，而足令賊輩欽服也。

八、退仕隱逸

隱士之含義乃清高孤介、潔身自愛、知命達理、視富貴如浮雲。中國文化之本質，尚謙讓、行《中庸》、薄名利、鄙財富、故皆有助於「隱士」思想之形成。《論語・泰伯》：

> 篤信好學，守死善道，危邦不入，亂邦不居。天下有道則見，無道則隱。邦有道，貧且賤焉，恥也。邦無道，富且貴焉，恥也。

《孟子》亦云：

> 舜發於畎畝之中，傅說舉於版築之間，膠鬲舉於魚鹽之中，管夷吾舉於士，孫叔敖舉於海，百里奚舉於市。

孔子於此提出「隱」字，蓋窮則獨善其身，達則兼善天下。天下無道之時，獨能隱居以求其志，其心超然，一志於道，可謂善隱矣。孟子則以爲聖君賢相，豪傑大人，方其未爲人知之時，雖抱才負德，與庸俗何異？既舉之後，則能發揮所長，然其先後皆同爲一人矣，故曰：「盛德若愚，良賈深藏若虛」，即此之謂也。又如諸葛孔明，方其高臥隆中，自比管樂，抱膝長吟之際，其心豈有名利富貴？及先主三顧茅廬，乃竭力以報知遇。故知中國之退仕隱逸，已創成文化之特殊風氣，其可以終身不求人知，抑且不爲人知，而其志其道，所守所信，則恒不變失，此實爲一種至高之道德精神。

東漢特有隱逸之風，范曄別列〈逸民列傳〉，其序云：

> 漢室中微，王莽篡位，士之蘊藉義憤甚矣。是時裂冠毀冕，相携持而去之者，蓋不可勝數。……光武側席幽人，求之若不及，旌帛蒲車之所徵賁，相望於巖中矣。若薛方、逢萌聘而不肯至，嚴光、周黨、王霸至而不能屈。群方咸遂，志士懷仁，斯固所謂「舉逸民天下歸心」者乎！肅宗禮鄭均而徵高鳳，以成其節。自後帝德稍衰，邪孽當朝，處子耿介，羞與卿相等列，至乃抗憤而不顧，多失其中行焉。（卷八十三）

故知東漢隱逸之風，始自王莽之篡，成於光武之崇獎，加以邪孽之激，終漢而隱逸之風不絕，徵聘之風亦不絕，如光武訪嚴光、聘周黨、擢卓茂，而薛方、逢萌、王霸、譚賢、王良、王成之徒，或聘而不至，至而不屈。章帝禮鄭均，徵高鳳（《東漢會要》卷廿七）。和帝禮聘馮良、周燮（《後漢書》卷四

十六）。順帝屢徵處士，如楊厚、黃瓊、賀純、胡元安、薛孟嘗、朱仲昭、顧季鴻、黃錯、任棠（卷六十一），又法眞四徵不至（卷八十三），樊英入殿不屈，曰：「臣見暴君，如見仇讎。」又曰：「臣非禮之祿，雖萬鍾不受；若申其志，雖簞食不厭也」（卷八十二上）。桓帝亦聘周勰（卷六十一）、徐穉、姜肱、袁閎、韋著、李曇，並不至（卷五十三）、魏桓隱身不出（卷五十三）、韓康因道逃遁（卷八十三）、楊著不得已而至（卷五十四）。靈帝以後，董卓當朝，復備禮召處士，申屠蟠、鄭玄不屈以全其高，荀爽黃髮而獨至焉（卷六十二）。可知自光武之徵聘逸人處士，終至桓、靈，玄纁安車之聘，不絕於郡國；壇席几杖，高設於朝堂，求賢惟恐不及。司馬光《資治通鑑》卷五十一：

> 臣光曰：古之君子，邦有道則仕，邦無道則隱。隱非君子之所欲也。人莫己知而道不得行，群邪共處，而害將及身，故深藏以避之。王者舉逸民，揚仄陋，固爲其有益於國家，非以徇世俗之耳目也。是故有道德足以尊主，智能足以庇民，被褐懷玉，深藏不市，則王者當盡禮而致之，屈己以訪之，克己以從之，然後能利澤施于四表，功烈格于上下。蓋取其道不取其人，務其實不務其名也。

又曰：

> 或者人主恥不能致，乃至誘之以高位，脅之以嚴刑。使彼誠君子邪，則位非所貪，刑非所畏，終不可得而致也；可致者，皆貪位畏刑之人也，烏足貴哉！

司馬光以爲隱逸之士，道德智能足以尊主庇民，是以王者當盡禮而致之，此不僅有益於國家，且能使利澤施于四表，功烈格于上下。苟人主有能厚其德、政已治，則天下歸之猶恐不及，若出於誘位脅刑，則終不可得也。其言最將東漢中葉以後士人隱逸之心理道出。蓋和帝以後，嬖倖當朝，士人不能有所匡救，故多拒命不至，如徐穉云：「大樹將顚，非一繩所維，何爲栖栖不遑寧處？」（卷五十三）樊英入殿見順帝，曰：「臣見暴君，如見仇讎」，則清潔之士，寧守志於茨棘之間，而恥與嬖倖爲伍可知矣。雖事有過激，而不得中行，然儒家精神所憑以撥亂而反治，轉危而安者，皆恃乎此矣。

觀〈逸民傳〉中，有隱逸而使風俗美化者，如馬瑤、逢萌：

> 馬瑤隱於汧山，以兔罝爲事。所居俗化，百姓美之，號馬牧先生焉。
> 光武即位，（逢萌）乃之琅邪勞山，養志脩道，人皆化其德。

有上不臣天子，下不事諸侯之隱士，如王霸：

> 王霸……少有清節。……建武中，徵到尚書，拜稱名，不稱臣。有
> 司問其故。霸曰：「天子有所不臣，諸侯有所不友。」……隱居守志，
> 連徵不至。

嚴光、周黨、井丹亦同之。亦有以君逸遊民劬勞而隱者，如梁鴻、漢陰老父：

> 梁鴻……隱居避患……東出關，過京師，作五噫之歌曰：「陟彼北芒
> 兮，噫！顧覽帝京兮，噫！宮室崔嵬兮，噫！人之劬勞兮，噫！遼
> 遼未央兮，噫！」

> 漢陰老父曰：「……昔聖王宰世，茅茨采椽，而萬人以寧。今子之君，
> 勞人自縱，逸遊無忌。吾爲子羞之，子何忍欲人觀之乎！」

總而言之，隱逸於東漢有三種意義：

（一）有益風俗教化：如馬瑤、逢萌，不僅能使人化其德，亦可使風俗
淳美，有益於世道人心，故隱逸乃爲一無作爲之作爲也，不僅獨善其身，且
能兼善天下。

（二）清高不仕，凌乎王侯：《禮記》有云：「儒有上不臣天子，下不事
王侯」，故《易》稱「不事王侯，高尚其事。」故雖處隸圉，不足以爲恥；撫
四海，不足以爲榮，故曰：「寵位不足以尊我，而卑賤不足以卑己。」（《潛夫
論・論榮篇》）有如孔嵩庸爲街卒，范式惜其懷道隱身。嵩曰：「昔侯嬴長守
於賤業晨門，肆志於抱關，子欲居九夷，不患其陋，貧者士之宜，豈爲鄙哉！」
（華嶠《後漢書》卷二）王霸之妻曰：「君（王霸）少修清節，不顧榮祿。今
（令狐）子伯之貴孰與君之高？」（《後漢書》卷八十四）孔嵩安貧守志，霸
妻全夫之清節，故知人之宅心深處，苟能超乎死生富貴之外，即自能有一「天
風飄渺，白雲邈然」（錢穆先生語）之襟懷，而凌乎王侯將相矣。

（三）世亂而隱：孔子稱蘧伯玉，邦有道則仕，邦無道則可卷而懷之
（衛靈公）。東漢末年政亂民勞，君子抱德負才，而不能挽救頹風，故往往隱
居守志，以待明王之出。《易》曰：「天地避，賢人隱。」又曰：「天地不交，
否，君子以儉德辟難，不可榮以祿。」《易經》於隱逸之義，有所闡發，故東
漢退仕隱逸風氣之盛行，實遠有承傳與依據。此外如高鳳、韓康、法眞、矯
愼之徒，皆能「遠引孤騫，亭亭物表」，中國士人人格之高，風俗之優，無過
於東漢者也。

　　綜上言之，東漢自光武中興以來，鑒於西漢末年王莽之僞薄，乃極力尊崇節義，敦厲名實，變西京貪懦之風，爲廉直之俗，舉用經明行修之人，推崇巖穴幽隱之士，故風俗爲之一變。光武之表彰氣節，主要舉措爲旌節義與舉逸民，其後士人修行志節，彌相慕襲，而使東京風俗淳美，人心淬勵。此其一。東漢之察舉徵辟，亦有助於士風之形成。蓋選舉科目，既重道德名節，薦舉徵辟，必採鄉曲之譽。漢初有賢良方正、孝廉、秀才，東漢復增敦朴、有道、賢能、直言、獨行、高節、質直、清白、敦厚之屬。種種科目既以「道德」爲主，希仕者，必修貞確不拔之操，冀得其名，故凡可以得名者，必全力爲之。是故士人由好名、修名，進而求名、競名，其後流弊漸生，而不惜飾僞以邀譽，釣奇以驚俗，而流於竊名僞服與交遊結納之風氣，名實不符，選舉因而敗壞，士風漸趨轉變。此其二。東漢舉士既以經明行修爲主，而促成經術與道德之極盛，加以帝王之表彰節義，故多節義之士。今揆士風之內容，如人倫孝行、故吏報恩、尊崇師道、競尚復仇、崇讓之風、清廉高節、盜亦有道、退仕隱逸等，往往見重仁義、表死節、褒正直而敍殺身成仁之美也。其中不乏童齡稚弱，而節行屢見。即以盜賊而論，猶且尊禮儒士，不犯里閭，可見東漢儒家道德精神之淪浹浸漬，深入人心，無復有老幼、善惡之分矣。此其三。此三者，皆士風之所以形成也。是以漢代士人品節高尚，淬勵奮發，志節慷慨，顧炎武盛稱東漢名節，以爲「三代以下，風俗之美，無尚於東京者。」趙翼《廿二史箚記》卷五亦云：「然國家緩急之際，尚有可恃以撐拄傾危，昔人以氣節之盛，爲世運之衰，而不知并氣節而無之，其衰更盛也。」可見氣節之士，誠有助於國家之緩急。然士風之過於重視道德，亦有其弊，趙翼又云：「蓋其時輕生尚氣，已成習俗，故志節之士，好爲苟難，務欲絕出流輩，以成卓特之行，而不自知其非也。」仲長統《昌言》亦云：「在位之人，有乘柴馬弊車者矣，有食菽藿者矣，有親飲食之蒸烹者矣，有過客不敢沽酒市脯者矣，有妻子不到官舍者矣，有還奉祿者矣，有辭爵賞者矣，莫不稱述以爲清邵，非不清邵，而不可以言中也。好節之士，有遇君子，而不食其食者矣，有妻子凍餒，而不納善人之施者矣，有茅茨蒿屏，而上漏下濕者矣，有窮居僻處，求而不可得見者矣，莫不歎美以爲高潔，此非不高潔，而不可以言中也。夫世之以高此者，亦有由然，先古之制休廢，時王之政不平，直正不行，詐僞獨售，於是世俗同共知節義之難復持也，乃舍正從邪，背道而馳奸，彼獨能介然不爲，故見貴也。」趙翼謂其蔽在欲絕出流輩，而

好爲苟難。仲長統則以爲在位清邵之人與好節高潔之士，其行非不高潔，然不得中道而行，故多違時絕俗，而世亂時人多行詐僞，彼獨能耿介不移其操，故見貴矣。觀東漢之士，確然有徇其名而昧其致，故激詭行生，而取與之間多詐妄者，然氣節既盛，其弊流於「詭激」亦所不免。且當士習訛靡之際，雖不得中道而行，而士人多以狂狷自矯，所謂「事非通圓，良其風軌，有足懷者。」（《後漢書》卷八十一）況其功足以激濁揚清，而挽薄俗頹風，故其行亦可謂守節之士矣。

第五章　東漢士風與政局

　　士風之興衰，乃關乎政局之升降。東漢晚期，君道秕僻，朝綱日陵，戚宦專政，桓、靈荒淫，而國隙屢啓。士人久經儒術之薰陶，目睹國家崩離，人倫莫恤，乃驅馳險阨之中，與刑人腐夫同朝爭衡，自是「清者自清，濁者自濁」，清濁二流，若涇渭之分明。清流抗拒濁流，或不與交通，或劾治戚宦，或諫諍君王，或以清議品覈公卿，裁量執政；而濁流身在要津，迫害士人，無所不用其極，其後乃造成士人與戚宦之水火，而引起二次黨錮之禍。黨錮之後，忠賢誅鋤，人倫綱紀大壞，自此以往，道術乃爲天下裂。士人漸圖以保家全身之計，士風乃由外馳趨於內心自我之追求，於是崇尙老莊而祖述玄虛，援老注儒而大倡玄風，秦漢風俗，自此一變。茲分述之。

第一節　東漢晚期之政局

一、戚宦政爭

　　上編第三章，曾論及東漢之讖緯學，睽其內容，指斥權臣后黨者不在少數，如：

> 女主盛，臣制命，則地動坼，畔震起，江河潰決。（《春秋緯漢含孳》）

> 后族專權，虹貫太微。（《春秋緯運斗樞》）

> 后妃專，則日與月並照。（《春秋緯感精符》）

> 后族專權，謀爲國害，則日晝昏。（《春秋緯元命苞》）

主權集於后族，羣妃之黨，橫僭爲害，而日盈。(《春秋緯運斗樞》)

后族專權，地動搖宮。(仝上)

緯書指斥權臣后黨，可見其時外戚佞臣爲害已深，造讖造緯者，乃不得不假災異，以抑其權而警人主。考漢代外戚宦官之專權其因有二：蓋戚宦之得權，當源於武帝以後，宰相由士人爲之，於是中朝(王室)與外朝(政府)始分，宰相掌外朝，大司馬大將軍掌內朝輔政，而由外戚爲之，《通考》卷五十九：

按兩漢以來，大將軍內秉國政，外則仗鉞專征，其權任出宰相之右。

外戚既能內秉實政，外掌軍職，故漸開擅政之始。其後光武中興，又減削外朝之權，一移之於內朝，自是雖置三公，備員而已，而形成外戚后黨之擅權(《後漢書·卷四十九》)。仲長統〈法誡篇〉：

光武皇帝慍數世之失權，忿彊臣之竊命，矯枉過直，政不任下，雖置三公，事歸臺閣。自此以來，三公之職，備員而已；然政有不理，猶加譴責。而權移外戚之家，寵被近習之賢，親其黨類，用其私人，內充京師，外布列郡。

光武分丞相職權爲三，三公鼎立，互爲制衡，故雖位高而權輕；授《尚書》以權，而卑其秩，是以位低而權重。於是外朝失權，政歸內庭，而爲其樞要者，則爲尚書。尚書本爲君主左右掌管文書、傳達詔令之僕役，其任猶輕，東漢以後，漸侵九卿之權。《通考》卷五十一：

至後漢則爲優重，出納王命，敷奏萬機，蓋政令之所由宣，選舉之所由定，罪賞之所由正，斯乃文昌天府，眾務淵藪，內外所折衷，遠近所稟仰。

故知尚書職權之優重，由於出納帝命，無異於天子喉舌，故曰「尚書亦爲陛下喉舌。」(《後漢書》卷六十三) 由於敷奏萬機，爲眾務淵藪，故曰「天下樞要，在於尚書。」(卷廿六) 其權限擴展所及，至侵三公之職，故陳寵曰：「今之三公，雖當其名，而無其實，選舉誅賞，一由尚書。」(卷四十六) 可見其時三公僅有虛位，而權在尚書。且自光武中興，宮中悉用閹人，不復參以士流，尚書既爲皇帝近臣，於是隱然成一勢力。可見光武減削外朝三公之權，而移之於內朝，於是相繼重用外戚、尚書、中書，反爲二者促成專權竊位之資，此其一。

又外戚宦官之得權，亦因東漢諸帝之短命，茲將諸帝年壽列表於下：〔註1〕

〔註1〕錢穆《中國通史參考材料》，頁92。

帝	年壽	在位年	即　位　年	子　嗣	
光武	六二	三三	初起年二十八、三十爲帝	一〇	
明	四八	一八	三〇	九	
章	三三	一三	一九	八	
和	二七	一七	一〇	二	長子勝有痼疾，次子即殤帝
殤	二	一	誕育百餘日	〇	
安	三二	一九	一三	一	即順帝
少		立凡七月			
順	三〇	一九	一一	一	沖帝
沖	三	一	二	〇	
質	九	一	八	〇	
桓	三六	二一	一五	〇	
靈	三四	二二	一二	二	長子辨宏農王，次子即獻帝
獻	五四	三〇	九		

據上表，東漢一代，自光武至獻帝，凡十二帝。論其年壽，光武年六十二、明帝年四十八、獻帝年五十四，三帝之外，餘無超乎四十歲者。論其在位年數，殤、少、沖、質四帝，僅在位一年，明、章、和、安、順五帝，則不超過二十年。論其即位年數，自和帝後，皇帝即位無過於十五歲者，殤帝即位時，僅誕育百餘日。就其子嗣而言，安、質、桓、靈帝皆爲外藩入繼，和、順、沖三帝雖係皇子，然皆爲庶子繼統。由於皇室本身之不健全，幼主即位，母后臨朝，自爲人情之須。而母后干政，欲固其位，自必委用父兄，以寄腹心。《後漢書‧卷十‧皇后紀‧序》：

> 東京皇統屢絕，權歸女主，外立者四帝，臨朝者六后，莫不定策帷帝，委事父兄，貪孩童以久其政，抑明賢以專其威。任重道悠，利深禍速。……終於陵夷大運，淪亡神寶。

外戚既有內援，自易流於專擅威柄，致使「百僚側目，莫敢違命，天子恭己而不得有親豫。」（卷卅四〈梁冀傳〉）和帝以後，外戚秉權，竟爲政治常態。加以東漢皇統屢絕，外藩入繼，母后與天子既無骨肉之親，外戚與天子亦無甥舅之情，外戚欲久專國政，天子欲收回大權，「內外臣僚，莫由親接」，天子只能與閹宦密謀禁中，一旦成功，宦官封官拜侯，其勢常傾動內外。且母后垂簾聽政，不接公卿，「朝臣國議，無由參斷帷幄，稱制下令，不出房闥之間，不得不悉用刑人，寄之國命，手握王爵，口含天憲，非復掖庭永巷之職，

閨牖房闥之任也。」（卷七十八）由於母后少主，傳達詔令，賴諸宦官，故其「漸染朝事，頗職典物」（仝上），繼而干與國政，僭奪權柄。於是「舉動回山海，呼吸變霜露，阿旨曲求，則光寵三族」（仝上），漢之綱紀由是大亂，鉅禍迭發，而漢室傾危。可見東漢諸帝之短命，亦爲促成外戚、宦官干政之因，而相爭結果，勝者每歸宦官。此其二。

　　考東漢戚宦之迭握朝政，當始自和帝永元元年（西元 89 年）以降，其間又以桓帝延熹二年（西元 159 年），即帝與五宦官誅梁冀之歲爲界，前乎此，外戚之勢強；後乎此，閹官之權轉盛，茲列表述之：

帝　號	臨朝母后	外　　　戚	宦　　　　　官
和　帝	竇太后	太后兄竇憲	永元四年，與宦者鄭眾合謀誅憲
殤　帝	鄧太后	太后兄鄧騭	
安　帝	鄧太后	太后兄鄧騭	太后崩，帝乳母王聖，宦者李閏、江京譖毀鄧氏，騭不食而死。
少帝懿	閻太后	太后兄閻顯	宦者孫程等十九人誅閻顯立順帝
順　帝	妻梁后	后父梁商、后兄梁冀	
冲　帝	梁太后	太后兄梁冀	
質　帝	梁太后	太后兄梁冀	
桓　帝	梁太后	太后兄梁冀	延熹二年，帝與宦者單超、徐璜、具瑗、左悺、唐衡誅梁氏，自是權歸宦官
靈　帝	竇太后	太后父竇武	武爲宦者曹節、王甫所殺
皇子辯	何太后	太后兄何進	進爲宦者張讓、段珪所殺

　　後漢外戚擅權，自竇后始。章帝建初二年（西元 77 年）立爲皇后，寵幸殊特，竇憲兄弟親幸，憲曾「恃宮掖聲勢，遂以賤直請奪沁水公主園田。」和帝即位，憲以侍中，出宣誥命，兄弟皆在親要之地。及憲北伐匈奴歸，威權震朝廷，「刺史、守令多出其門」，父子兄弟並居列位，充盈朝廷，於是「朝臣震懾，望風承旨。」憲弟景尤爲驕縱，「奴客緹騎依倚形勢，侵陵小人，強奪財貨，篡取罪人，妻略婦女」，尚書僕射郅壽、樂恢並以忤意，相繼自殺。（俱見《後漢書》卷廿三）。帝陰知其謀，然「內外臣僚，莫由親接，所與居者，唯閹宦而已」，乃與宦官鄭眾定議誅憲，眾以功遷大長秋，封鄛鄉侯，中官用權，自眾始焉（仝書，卷六十八）。故知和帝時，不僅開東漢外戚掌權之端，亦啓宦官干政之風，宦官封侯自鄭眾始焉。殤帝誕育百餘日即位，鄧太后臨朝，后兄鄧騭用事。安帝即位，太后猶臨朝，兄弟封侯，騭封上蔡侯，

惺葉侯，弘西平侯，閭西華侯。鄧氏在永元十四年立后以來，累世寵貴，「凡侯者二十九人，公二人，大將軍以下十三人，中二千石十四人，列校二十二人，州牧、郡守四十八人，其餘侍中、將、大夫、郎、謁者不可勝數，東京莫與為比。」（卷十六）及鄧太后崩，帝乳母王聖及宦官李閏誣告驚兄弟謀廢立，皆免為庶人，驚不食而死。遂封閏雍鄉侯，宦官江京以迎帝有功封都鄉侯（卷七十八）。安帝崩，閻太后臨朝，后兄閻顯用事。閻氏自安帝元初二年立后以來，內寵漸盛，兄弟頗與朝權，顯封長社侯，景為衛尉，耀城門校尉，晏執金吾，「兄弟權要，威福自由。」（卷十）北鄉侯立二百餘日而薨，宦官孫程、王康等十九人合謀誅顯，立順帝，延光四年十一月，封孫程等十九人為列侯（卷七十八），宦官勢盛。順帝陽嘉四年，初聽中官得以養子襲爵（《資治通鑑》卷五十二），宦官勢力愈趨專橫。陽嘉元年，立梁氏為后，后父商兄冀用事。帝崩，沖帝立，梁太后臨朝。沖帝立一年卒，質帝立，帝以不洽於外戚梁冀，為冀毒死。桓帝立，梁氏臨朝如故，梁冀秉政，其同己者榮顯，違忤者劾死，百僚側目，莫不從命。梁冀一門「前後七封侯，三皇后，六貴人，二大將軍，夫人、女食邑稱君者七人，尚公主者三人，其餘卿、將、尹、校五十七人。在位二十餘年（歷四朝），窮極滿盛，盛行內外，天子恭己而不得有所親豫。」（《後漢書》卷卅四）桓帝久不平，延熹二年，乃與宦官單超、徐璜、具瑗、左悺、唐衡五人合謀誅冀，五人同日封，世謂之五侯，又封小黃門劉普、趙忠等八人為鄉侯，自是權歸宦官，朝廷日亂矣。單超薨，四侯轉橫，天下為之語曰：「左回天，具獨坐，徐臥虎，唐兩墮。」其蠹國害民，較外戚為甚，不僅競起第宅，多取良人美女以為姬妾，珍飾華侈，擬則宮人，又養其疏屬，或乞嗣異姓，或買蒼頭為子，並以傳國襲封。兄弟姻戚皆宰州臨郡，辜較百姓，與盜賊無異（卷七十八）。從此大權落於宦官之手。靈帝立，竇太后臨朝，太后父竇武用事，帝封武為聞喜侯，子機渭陽侯，兄子紹鄠侯，紹弟靖西鄉侯。武與太傅陳蕃討宦官，反為宦官曹節、王甫、朱瑀等十九人矯詔誅之，節封育陽侯，甫遷中常侍黃門令如故，瑀封都鄉侯等。於是宦官姦虐弄權，扇動內外，「父兄子弟皆為公卿列校、牧守令長、布滿天下。」（卷七十八）熹平四年，使宦官為中準令，列為內署，「自是諸署悉以閹人為丞令。」（卷八）曹節死後，張讓、趙忠等十二人皆為中常侍，封侯貴寵，父兄子弟布列州郡，所在貪殘，為人蠹害，帝常云「張常侍是我公，趙常侍是我母」（卷七十八），是帝以宦官作父，於是宦官得志，無所憚畏。帝崩，皇子辯即位，

何太后臨朝，太后兄何進用事，何進欲誅宦官，反爲宦官張讓、段珪等詐詔殺之。袁紹等乃乘亂誅殺宦官二千餘人，無少長皆殺之，於是宦官，外戚之局始結，而國亦隨之亡矣（卷六十九）。

故東漢二百年之政治，可謂外戚、宦官政爭之迭起也。天下興衰治亂，一係於君主，幼主則有母后外戚，闇主則有宦官佞幸，前者則因母后臨朝，而外戚得以專政；後者則由於君主與外朝不相親接，乃謀諸宦官，於是宦官竊權。東漢戚宦相爭，勝者每歸宦官，如鄭眾勝竇憲，李閏勝鄧騭，孫程勝閻顯，單超勝梁冀，曹節勝竇武，張讓勝何進等。而宦官，其始不過「供使令，效趨走而已」，然其「地居禁密，日在人主耳目之前，本易窺覦笑而售讒諛，人主不覺意爲之移」，故其「威力常在陰陽奧窔之間，迨勢燄既盛，宮府內外，悉受指揮，即親臣重臣，竭智力以謀去之，而反爲所噬。」（《廿二史劄記》卷五）此輩多爲無知之徒，生於深宮之中，一旦當權，遂貪惡橫恣，其與宰相之讀書明理，仕途既久，深明大體者，可謂相去遠矣。是以東漢晚期政事乖張，百姓離心，天變屢起，其禍實發端於宦官矣。

二、桓靈荒淫

歷來皆謂西漢亡於外戚，東漢亡於宦官，其實所謂戚、宦之禍、實由帝王荒淫啓之。東漢國事，大壞於桓、靈，親小人，遠賢臣，唯荒淫逸樂是務。此劉備所以太息痛恨於桓、靈也。《後漢書》論曰：「漢德之衰，有自來矣。而桓帝繼之以淫暴，封殖宦豎，羣妖滿側，姦黨彌興，賢良被辜，政荒民散，亡徵漸積。逮至靈帝，遂傾四海，豈不痛哉，《左傳》曰：『國於天地，有與立焉，不數世淫，不能弊也。』信矣」。〔註2〕茲述其荒淫事迹於下：

甲、賣官鬻爵

漢制，爵可買賣，故可視爲私有財產，《後漢書·卷二·明帝》紀：「人賜爵者，有罪得贖，貧者得賣與人。」〔註3〕安、桓二帝亦賣官，然所賣者不過爵及散官。安帝時，「三公以國用不足，奏令吏人入錢穀，得爲關內侯、虎賁羽林郎、五大夫、官府吏、緹騎營士各有差。」（《後漢書》卷五）；「桓帝延熹四年，占賣關內侯、虎賁、羽林、緹騎營士、五大夫錢各有差。」（仝書，卷七）靈帝則賣公卿之職。光和元年，初開西邸賣官，「自關內侯、虎賁、羽

〔註2〕 薛瑩《後漢書》「桓帝」。
〔註3〕 《後漢書·卷二·明帝紀》注引「前書音義」條。

林，入錢各有差。私令左右賣公卿，公千萬，卿五百萬。」（卷八）李賢注引
《山陽公載記》曰：「時賣官，二千石二千萬，四百石四百萬，其以德次應選
者半之，或三分之一，於西園立庫以貯之。」於是「太尉段熲、司徒崔烈、
太尉樊陵、司徒張溫之徒，皆入錢，上千萬，下五百萬，以買三公。」（全書
卷八，《集解》引傅子曰）又開鴻都門，榜賣官爵，富者先入錢，貧者到官，
而後倍輸（卷五十二）。然靈帝賣官之目的有異於安、桓，安、桓賣官以充國
用，靈帝賣官，乃聚爲私藏。由是官以賄成，自公侯卿士，以至皁隸，遷官
襲級，無不以貨，故公卿皆尸祿，無忠言者，於是忠良擯位，姦邪蠭起，百
姓騷動，人心思亂，王船山云：「亂政不一，至於賣官，而未有不亡者也」（《讀
通鑑論》卷八），誠哉斯言。

乙、輸錢就職

靈帝又創立東園禮錢、助軍錢、修宮錢等諸名目，以爲聚斂之用，凡任
命爲吏者，須先輸款而後就職，貧者無錢可輸，只能辭職。如羊續拜三公，
須輸東園禮錢千萬，以貧故不登公位（《後漢書》卷卅一）。劉陶徙京兆尹，
當出脩宮錢直千萬，恥以錢買職；稱疾不聽政（同書，卷五十七）。其後刺史、
二千石及茂才孝廉等，凡淫任命，皆先至西園諧價，貨多者官貴，財少者職
卑。時曹嵩賂中官及輸西園錢一億，故位至太尉（華嶠《後漢書》卷二）。其
取官吏，唯錢是取，亦有錢不足而至自殺者，《後漢書‧張讓傳》：「有錢不畢
者，或至自殺。其守清者，乞不之官，皆迫遣之。」（卷七十八）如是則官職
淪爲買賣，上下貪污聚斂，朝綱危矣。

丙、荒淫逸樂

漢世君主之昏虐淫亂，至桓、靈而極，桓帝多內幸，博采宮女，數至五
六千人。荀爽對策，議其「冬夏衣服，朝夕稟糧，耗費縑帛，空竭府藏，……
空賦不辜之民，以供無用之女。」（卷六十二）陳蕃亦云「采女數千，食肉衣
綺，脂油粉黛，不可貲計。……今後宮之女，豈不貧國乎？」（卷六十六）桓
帝宮女之多，至於貧國，靈帝尤有過之，史載靈帝好胡服、胡帳、胡牀、胡
坐、胡飯、胡空侯、胡笛、胡舞，京都貴戚皆競爲之。熹平中，於省內冠狗
帶綬，以爲笑樂（《續漢書‧五行志》）。光和四年，帝于西園弄狗以配人（全
上注）。帝之荒淫逸樂，不一而足，故司馬光所謂「桓、靈昏虐，積多士之憤，
蓄四海之怒」，危自上起，漢將亡矣。

三、士人諂附

　　兩漢士人，無不以政治爲進身之階，東漢晚期，政治日非，帝皇荒淫，外戚宦官，權傾海內，寵貴無極，子弟親戚，並荷榮任，放濫驕溢，莫能禁禦，窮破天下，空竭小民。朝廷大臣，難居其位，三公「皆令色足恭，外厲內荏，以虛事上，無佐國之實。」（《後漢書》卷三十）公卿以下，類多拱默，以樹恩爲賢，盡節爲愚，至相戒曰：「白璧不可爲，容容多後福。」（同書，卷六十一）三府掾屬，亦「專尚交遊，以不肯視事爲高。」（卷四十六）可見朝廷上下，不以政事爲務，甚至「以忠爲諱」、「盡節爲愚」，於是「言之者必族，附之者必榮」（卷六十一），士人欲容身於仕宦，其勢必流於同流合污，諂諛阿附矣。即以桓帝時外戚梁冀而論，其親戚賓客皆在位，冀妻黨孫氏，昌名而爲侍中、卿、校尉、郡守、長吏者十餘人，皆貪叨凶淫。及冀誅也，「其宅所連及公卿列校刺史二千石死者數十人，故吏賓客免黜者三百餘人，朝廷爲空。」（卷卅四）可見上自朝臣，下至郡官，皆爲貪污殘暴諂諛之徒，此陳蕃所謂「當今之世，有三空之厄，田野空，朝廷空，倉庫空，是謂三空。」（卷六十六）政風腐敗，士人逢迎以求全身保位，賢者放廢，朝廷空而漢室亦危矣。

第二節　黨錮前之士風表現

　　漢自桓、靈，君道陵遲，國典墮廢，宦豎乘間，竊弄權柄，士人有鑒於此，其趨舍每多異路。有闒然媚世者流，黨權營利，交援求售者矣；有耿介獨行者流，羞與卿相等列，至乃抗憤不顧，退處韜藏，保持名節者矣。然亦有與世抗衡者流，誦先王言以維名教，使權強有所歛手。前者多諂附，其次多隱逸，而後者則勇於舍命不渝，以挽國難，故其事亦最壯烈。蓋東漢士人於儒家經術浸潤之下，忠君、孝親、篤於故舊、不畏強禦，已成社會公認之道德標準，既睹政局之昏亂，乃滙爲自覺之清流，竭其力以劾治戚宦，抗拒濁流，以救國家於危亡，挽狂瀾之既倒，至於殺身授命，在所不惜，此種精神，正是東漢幾百年來儒家「節義」、「名節」道德精神之表現，亦志士仁人之最後用心也。故《後漢書·卷七十九·儒林傳·論》曰：

> 所談者仁義，所傳者聖法也。故人識君臣父子之綱，家知違邪歸正
> 之路。自桓、靈之間，君道秕僻，朝綱日陵，國隙屢啓，自中智以

下，靡不審其崩離；而權彊之臣，息其闚盜之謀，豪俊之夫，屈於鄙生之議者，人誦先王言也，下畏逆順勢也……跡衰敝之所由致，而能多歷年所者，斯豈非學之效乎！

東漢士人之抗拒濁流方式有四，一曰不交非類，不與戚宦交通往來，士人有與戚宦交通者，清流即加以唾棄。二曰劾治戚宦，以刑罰案劾懲治。三曰諫諍，以奏疏借經義災異勸誡君主，使親賢臣，遠佞幸。四曰清議，以清議評量人物，蓋欲立是非、明善惡、辨眞僞，進而干豫政治，以形成勢力，茲分述之。

一、不交非類

不與戚、宦交通往來，乃士人消極懲治戚宦之手段，此輩自成一清流集團，疾惡如仇，不與非類交通。謝承《後漢書》卷二：

（朱）穆少有英才，學明《五經》，性矜嚴疾惡，不交非類。

《後漢書》卷六十三注引《楚國先賢傳》：

（董）班……少遊太學，宗事李固，才高行美，不交非類。

朱穆、董班不交非類，甚至用人任士，亦朱紫區別。《姚輯東觀漢記》卷廿一：

汝南太守宗資，任用善士，朱紫區別。

士人不交外戚，可考於和帝時，樂恢不交外戚陰氏、竇氏。《後漢書》卷四十三：

樂恢……閉廬精誦，不交人物。……性廉直介立，行不合己者，雖貴不與交。信陽侯陰就數致禮請恢，恢絕不答。……（竇）憲弟夏陽侯瓌欲往候恢，恢謝不與通。

桓、靈之際，士人之屛絕戚宦，不與交通，愈趨顯明。皇甫規不與宦官交通，見《後漢書》卷六十五：

（皇甫）規出身數年，持節爲將，……又惡絕宦官，不與交通。

桓彬不交宦官之壻馮方，同書，卷卅七：

（桓）彬……初舉孝廉，拜尚書郎。時中常侍曹節女壻馮方亦爲郎，彬厲志操……未嘗與方共酒食之會。

此外，有恥與宦官共事而去官者，如楊匡恥與宦官徐璜之兄徐曾接事而去（《後漢書》卷六十三）、趙岐恥與左悺之兄左勝共事而去，而岐娶外戚馬融兄女，常鄙薄不與相見（同書，卷六十四）。有疾惡不交宦官，如傅燮不交趙忠及其

弟趙延（卷五十八）、蔡邕不報王甫弟王智之餞、趙苞恥其從兄趙忠爲宦官，不與交通（卷八十一）。有不娶宦官之女，如傅公明不娶唐衡之女（卷七十注引《典略》）。有不受戚宦請託，辭不相見，如蔡衍（卷六十七）、朱穆（卷四十三）。甚有笞殺戚宦使者，拒不與通，如陳蕃笞殺外戚梁冀使者（卷六十六）、史弼考殺宦官侯覽所遣諸生（卷六十四）。凡此皆爲士人抗拒戚宦不畏強權之義行。《後漢書》卷六十二：

> 時中常侍張讓權傾天下。讓父死，歸葬潁川，雖一郡畢至，而名士
> 無往者，讓甚恥之。

宦官張讓雖權傾天下，猶不能強一名士弔之，可見其時清流與濁流畛域分明，勢成水火，士人苟有與之交通者，則不免遭致譏議。如廉犯依倚外戚，世人譏之，同書，卷卅一：

> 廉犯……世伏其好義，然依倚大將軍竇憲，以此爲譏。

馬融不敢違忤外戚，頗爲正直所羞，同書，卷六十上：

> （馬）融懲於鄧氏，不敢復違忤勢家，遂爲梁冀草奏李固……以此
> 頗爲正直所羞。

此外，如胡廣與宦官丁肅婚姻，以此譏毀於時（卷四十四），宦官唐衡以女妻傅公明，公明不娶，苟或娶之，險遭譏議（卷七十），樊陵阿附宦官，致位太尉，爲節志所羞（卷六十七）等，凡此皆攀附戚宦，而爲士人所不恥也。

從上可知士人懲治戚宦，非僅不與交通，嚴別清濁，且極意譏議阿附者，是以凡所交友，必也「同志」。同書，卷五十七：

> 劉陶……所與交友，必也同志。好尚或殊，富貴不求合；情趣苟同，
> 貧賤不易意。

張璠《漢記》：

> （荀）淑博學有高行，與李固、李膺同志相善。

劉陶交友必同志，荀淑與同志相善。此外如竇武引同志爲官，列於朝廷（《後漢書》卷六十九），郭太卒，同志者乃共刻石立碑（同書，卷六十八），延熹元年黨事起，賈彪謂同志曰：「吾不西行，大禍不解。」（卷六十七）故知其時「同志」一詞，已爲清白濁泥之顯明分野矣。是以凡所交友，必爲同志，凡所不齒，皆爲戚宦，如是則「善善同其清，惡惡同其污」、「見善如不及，見惡如探湯」，清流與濁流，各爲羣黨，而勢如水火，終於釀成其後之黨禍。

二、劾治戚宦

東漢自安順而後，政事昏亂，戚宦貪惡橫肆，威行內外，窮破天下，空竭人民，又多放父兄子弟婚親賓客典據州郡，魚肉人民，是以秉正嫉邪之士，無不以「澄清天下之志」為己任。袁宏《後漢記》卷廿一：

> 李膺風格秀整，高自標持，欲以天下風教是非為己任。

《後漢書》卷六十六：

> （陳）蕃曰：大丈夫處世當掃除天下，安事一室乎？

《後漢書》卷六十七：

> 范滂……登車攬轡，有澄清天下之志。

袁山松《後漢書》卷四：

> 岑晊……雖在閭里，慨然有董天下之志。

李膺、陳蕃、范滂、岑晊等人皆有清世之志。其時朝政昏濁，國事日非，士人既以氣節相尚，是以國而忘家，公而忘私，慨然以天下興亡為己任。無論廷臣、外僚、小臣，無不奮死與戚宦搘拄，雖湛宗滅族，亦所不顧焉。《後漢書》卷五十六：

> 時順帝委縱宦官，有識危心。張綱常感激，慨然歎曰：「穢惡滿朝，
> 不能奮身出命掃國家之難，雖生吾不願也。」

又如史弼云：「誰謂荼苦，其甘如薺，昔人刎頸，九死不恨。」（卷六十四）
黃浮亦云：「徐宣國賊，今日殺之，明日坐死，足以瞑目矣。」（卷七十八）
張綱、史弼、黃浮皆志除國賊，雖死無恨。可見其時戚宦為害之烈，天下志士，無不欲得而誅之以食其肉，是以內外劾治戚宦，可謂有志一同矣。茲依時代先後將士人之劾治戚宦，列表如下：

帝別	劾治者	劾治戚宦事別	結　果	出　　處
章帝	周紆	奉法疾姦，不事貴戚馬寶等輩	遭免官	後漢書卷七十七
	華松	糾罰馬氏三族等貴戚	見譖殺	謝承後漢書卷七
和帝	樂恢	劾奏貴戚，疏斥竇憲	被迫飲藥死	後漢書卷四十三
	郅壽	朝會譏刺竇憲	下吏當誅	卷廿九
	袁安、任隗	劾奏竇景專權，案治公卿二千石阿附貴戚	章寢不報	卷四十五
	韓棱	劾奏竇憲使人刺殺都鄉侯	憲惶恐，求出擊匈奴。	卷四十五

－133－

	張酺	收竇景掾吏繫獄		卷四十五
順帝	虞詡	劾奏宦官程璜、李閏等		卷五十八
	杜喬	奏劾梁冀季父梁讓臧罪		卷六十三
	种暠	奏勑四府條舉近臣父兄（梁冀）及知親爲刺史、二千石尤殘穢不勝任者	帝從之	卷五十六
質帝	李固	斥遣黃門宦者	從之	卷六十三
桓帝	周景、楊秉	劾奏諸宦官在位者，秉又劾奏侯覽弟侯參臧罪，並奏免侯覽	自將軍牧守免者五十餘人，帝免覽官	卷四十五、五十四
	黃瓊	舉奏州郡素行貪污至死徙者十餘人		卷六十一
	朱穆	劾趙忠喪父之僭器，遂發墓剖棺，陳尸出之，收其家屬	輸作左校	卷四十三
	劉瓆	收殺宦官親戚魁帥者	自殺	卷三十注引謝承書
	成瑨	檢攝豪強宦官	下獄死	卷六十七注引謝承書
	翟超	沒入侯覽財產	坐髡鉗輸作左校	卷六十六
	黃浮	誅殺下邳令徐宣	坐髡鉗輸作左校	卷六十六
	王允	捕殺宦官趙津，得張讓客與黃巾書，具發其姦	下獄	卷六十六
	崔琦	作外戚箴，白鵠賦以規誡梁冀	爲冀捕殺	卷八十上
	皇甫規	條奏孫儁等依倚權貴，或免或誅		卷六十五
	延篤	殺梁冀賓客	以病免歸	卷六十四
	陳蕃	笞殺梁冀賓客	坐左轉脩武令	卷六十六
	滕延	收捕侯覽，段珪僕從賓客，陳尸路衢	免官	卷七十八
	趙岐	岐及從兄趙襲，數貶宦官唐衡兄唐玹	玹收其家屬宗親盡殺之	卷六十四
	第五種	劾單超弟單匡臧罪，并劾超	州內震慄，朝廷嗟歎	卷四十一
	李膺、馮緄、劉佑	共同心志，糾罰姦倖。膺破柱殺張讓弟張朔，佑劾宦官范康、管霸，依科品沒入之。	論輸左校	卷六十七
	張儉	舉劾侯覽及其母罪惡	覽遏表不得通	卷六十七
	苑康	收捕侯覽宗黨賓客〔註4〕	下獄	卷六十七
	岑晊	收捕桓帝美人外親張汜，并收宗族賓客二百餘人		卷六十七
	羊陟	奏案貪濁，禁制豪右		卷六十七

〔註4〕趙翼《廿二史劄記》卷五，漢末諸臣劾治宦官作「范康」，《後漢書》卷六十七本傳作「苑康」。

	王暢	糾發貴戚豪右		卷五十六
	橋玄	案羊昌及賓客臧罪，梁冀救之不得		卷五十一
	范滂	劾奏刺史、二千石權豪之黨二十餘人	滂投劾去	卷六十七
	吳樹	誅殺梁冀客為人害者數十人	為冀所鴆	卷卅四
	劉矩	不諧附貴勢，失梁冀意	出為常山相	卷七十六
	韓演	劾奏左悺及兄左稱聚斂罪惡，又奏具瑗兄具恭臧罪	悺、稱自殺，恭下獄，瑗貶侯	卷七十八
	杜密	捕案宦官子弟有姦惡者		卷六十七
	蔡衍	案具瑗請託之罪，劾曹騰弟曹鼎臧罪	鼎坐輸入左校	卷六十七
	陳翔	劾奏王永奏事中官，徐璜弟徐參臧罪	永、璜詣廷尉	卷六十七
	荀昱、荀曇	宦官支黨在郡者，纖罪必誅		卷六十二
	史弼	考殺侯覽遣諸生齎書者	弼下獄	卷六十四
	朱震	奏單超、單匡臧罪	匡下廷尉	卷六十六
	魏朗	劾奏中官子弟非法		卷六十七
靈帝	陳球、陽球、劉郃、劉納	四人謀誅曹節等，又陽球奏收王甫、淳于登、段熲等	陳球四人下獄死、段熲自殺，甫磔死，其子萌、吉誅	卷五十六、七十七
獻帝	孔融	貶黜宦官親族		卷七十
	王宏	考殺宦官買爵位者數十人		卷六十六

計章帝二人，和帝六人，順帝三人，質帝一人，桓帝三十七人，靈帝四人，獻帝二人，凡五十五人，而以桓帝時戚宦為害最大，而士人劾治最多，士氣亦最盛。

三、諫　諍

　　儒家學說重諫諍，史載周代即設有諫官，臣子敢於直諫，使明君知所戒慎，暗君知所失道。《論語·微子》：「比干諫而死」，孔子許之以仁。《禮記·檀弓》：「事君有犯無隱」，可見儒家提倡忠君，賢臣不避喪身，勇於「尸諫」，以感悟君王。漢儒最重諫諍，所謂「諫書」，即出於《漢書·儒林傳》，王式以《詩》三百五篇當諫書。此外，並將諫諍視為孝行之一。《孝經·諫諍章》云：

　　　昔者天子有爭臣七人，雖無道，不失其天下，雖無道，不失其國……
　　　故當不義，則子不可以不爭於父，臣不可不爭於君。

《白虎通疏證·卷五·諫諍》：

臣所以有諫君之義何？盡忠納誠也。

又云：

> 人懷五常，故有五諫，謂諷諫、順諫、窺諫、指諫、伯諫。諷諫者、智也，患禍之萌，深睹其事，未彰而諷告，此智性也。順諫者，仁也，出辭遜順，不逆君心，仁之性也。窺諫者，禮也，視君顏色不悦，且却悦，則復前以禮進退，此禮之性也。指諫者，指質相其事也，此信之性也。伯諫者，義也，惻隱發於中，直言國之害，勵志忘生，爲君不避喪身，義之性也。

《孝經》、《白虎通》皆闡明臣有諫君之義，《白虎通》且標示五諫，配以智、義、仁、信、義五常，以明五諫乃本於五常之性，臣之諫君，甚至當「勵志忘生，爲君不避喪身」，義之所趨也。觀東漢士人諫諍而死者多矣，實有所本。而漢代取士，「直言極諫」每爲要目之一，足見「諫諍」不僅合於儒家經義，且爲執政者所倡導。

東漢中葉以後，戚宦專權，主勢孤危，國事日非，士人有鑒於此，每多不畏強禦，抗顏直諫。即以虞詡而論，「志不求易，事不避難」，好刺舉，無所回答，又數忤貴戚，遂「九見譴考，三遭刑罰」，而剛正之性，終老不屈。並上書自訟：「臣將從史魚死，即以尸諫耳。」（卷五十八）虞詡之剛正不屈，正爲當時從政者果敢之寫照。蓋「直心無諱，誠三代之道」，況世亂國危，士人獨能規過勸善，糾舉秕政，以冀明主之悟，甚至不避喪生以「尸諫」。此實儒家道德高尚之節操與諫諍不懼之勇氣使然，《論衡・卷十二・程材篇》：

> 儒生不習於職，長於匡救，將相傾側，諫難不懼。案世間能建蹇蹇之節，成三諫之議，令將檢身自勑不敢邪曲者，率多儒生。

可見「諫難不懼」乃士人之氣節，時代愈亂，諫諍愈力。茲將東漢士人鑒於戚宦之專橫，而勇於諫諍君主之事蹟，依時代舉其要者列表於下：

帝別	諫諍者	諫 諍 事 別	結　　果	出　處
章帝	第五倫	諫抑損馬氏后族	不見省用	卷四十一
和帝	崔駰	數諫竇憲擅權驕恣		卷五十二
	何敞	諫竇篤竇景起邸第	書奏不省	卷四十三
	丁鴻	疏諫竇憲兄弟各擅威權	憲及諸弟皆自殺	卷卅七
安帝	陳忠	諫宦官伯榮負寵驕蹇，郡國禮謁	書奏不省	卷四十六
	翟酺	諫寵外戚閻顯等	書奏不省	卷四十八

	杜根	諫鄧太后宜還政安帝	后於殿上撲殺之，幾死	卷五十七
	楊震	諫樊豐等宦官扇動朝廷，又諫出乳母王聖外舍，絕伯榮往來，又諫宦官持權用事	帝不聽	卷五十四
順帝	李固	諫不宜裂土封阿母宋娥，罷退宦官，去其權重，並令梁冀及諸侍中還居黃門	即時出阿母還弟舍	卷六十三
	張綱	條奏梁冀等無君之心十五事	帝不用	卷五十六
	杜喬	諫封梁冀子弟及中常侍等	書奏不省	卷六十三
	虞詡	諫張防弄權柄	坐論輸左校	卷五十八
	左雄	二諫宋娥梁冀之封	帝卒封之	卷六十一
沖質	皇甫規	諫宜黜遣宦官，貶斥梁冀等	幾陷死再三	卷六十五
桓帝	趙典	諫外戚無功不宜受封	帝不從	卷廿七
	劉淑	切諫宜罷宦官	帝不能用	卷六十七
	爰延	諫除宦官佞惡之權	帝省其奏	卷四十八
	陳龜	疏諫誅梁冀	帝不省，龜不食七日死	卷五十一
	袁著	諫梁冀權盛	遭冀笞殺	卷卅四
	黃瓊	諫奸豎假威勢陽毀示忠	不納	卷六十一
	朱穆	疏諫以宦者為中常侍，又諫以閹人為常侍，小黃門	帝怒不納	卷四十三
	劉瑜	諫帝親佞邪，使比肩裂土，競立胤嗣	特殊問災咎之徵	卷五十七
	襄楷	諫帝寵天刑之人	下司寇論刑	卷卅下
	李雲、杜眾、陳蕃、楊秉	雲諫帝封單超五人為侯之不實，杜眾三人疏諫李雲之罪	雲、眾死獄中，蕃、秉免歸田里	卷五十七
靈帝	傅燮	諫誅宦官趙忠等	以疾免	卷五十八
	蔡邕	諫言嬖倖用事之咎	遭嬖倖陷罪，鉗徙朔方	卷六十下
	劉陶	諫言天下大亂，皆由宦官	下獄、閉氣死	卷五十七
	陸康	疏諫閹人說帝斂天下田	免歸田里	卷卅一
	張鈞	諫斬十常侍	收掠死獄中	卷七十八
	審忠	諫滅曹節、朱瑀	章寢不報	卷七十八
	竇武	諫宦者封侯	不省	卷六十九
	楊賜	諫遠嬖人閹尹	不省	卷五十四
	陳蕃	諫急誅侯覽、曹節等以防變亂	太后不納	卷六十六
少帝	董卓	上書請收張讓		卷七十二

由上表計章帝一人，和帝三人，安帝四人，順帝五人，冲質一人，桓帝十三人，靈帝九人，少帝一人，凡三十七人，而以桓、靈二帝尤盛。蓋士人雖本諸爲國除姦之大忠大勇精神，以諫諍於帝，然終不敵「手握王爵，口含天憲」之戚宦，是以諫諍而帝省用者，唯有丁鴻，李固等數人而已。其餘或章寢不報，或免歸田里，或徙官去職，僅以身免矣。若下獄死，或遭笞殺，或屢遭陷死，可謂多矣。即如陳龜絕食七日而死，劉陶閉氣死，其爲殺身以諫君者一也。楊震飲酖而卒，慷慨謂其諸子門人曰：「死者，士之常分。吾蒙恩居上司，疾姦臣狡猾而不能誅，惡嬖女傾亂而不能禁，何面目復見日月！」（《後漢書》卷五十四）傳燮上疏請誅中官云：「臣聞忠臣之事君，猶孝子之事父也。子之事父，焉得不盡其情。」（卷五十八）以其認知「死爲士之常分」，又能「孝慈作忠」，故能不勝惓惓之情以盡諫於君，而無懼鈇鉞之戮。觀東漢士人因諫諍而死者多矣，其死雖無補於大局，然士人之「見危致命」，亦可謂難能矣。

四、清　議

　　東漢之清議起源甚早，其始蓋與鄉舉里選制度有關。
《日知錄》卷三十七云：

　　　　鄉選里選，必考其生平。一玷清議，終身不齒。君子有懷刑之懼，
　　　　小人存恥格之風。教成於下，而上不嚴。論定於鄉，而民不犯。

又云：

　　　　天下風俗最壞之地，清議尚存，猶足以維持一二，至於清議亡而干
　　　　戈至矣。

故知漢世用人，實由鄉舉，所謂「科別行能，必由鄉曲」（《後漢書》卷四），即謂此也。鄉里官吏，每品鑒士人德行之善惡，而加以記注。《後漢書》卷七十七載：「王吉爲沛相，課使郡內各舉姦吏、豪人。諸常有微過，酒肉爲戒者，雖數十年，猶加貶棄，注其名籍。」可見一語之褒，由以見用，一言之貶，沉廢終生，「雖數十年，猶加貶棄」，顧氏所謂「一玷清議，終身不齒」，實有其根據。故清議品藻，積極可鼓勵奮發，消極使人不敢爲惡，誠有助社會風俗之教化。王應麟云：「清議者，所以維持風俗者也，清議廢，風俗壞」，〔註5〕東京風俗

〔註5〕陳登原《國史舊聞》卷廿七「清議」引《困學紀聞》。

之美，即由乎此。

　　至於清議勢力之成熟，則爲太學生之羣聚京師。蓋東漢自安帝時，儒風寖衰，博士倚席不講，順、桓之間，太學生增至三萬人，其不以經學爲務，反相交結爲黨。《後漢書》卷七十六符融謂：「今京師英雄四集，志士交結之秋，雖務經學，守之何固？」而其時戚宦之擅權恣肆，察舉徵辟爲其把持，又豢養私人，逞私納賄；太學生目睹此種情狀，因而激濁揚清，結黨題拂，而流于議政。《後漢書·卷六十二·陳寔傳·論》：

> 漢自中世以下，閹豎擅恣，故俗遂以遁身矯絜放言爲高。士有不談此者，則芸夫牧豎，已叫呼之矣。故時政彌惛，而其風愈往。

可見其時士人恥與閹豎爲例，而以「遁身矯絜放言」爲高，雖時政愈惛，而此風愈盛。由是學生同聲，競爲高論，上議執政，下議卿士，天下翕然以臧否爲談名行善惡。《後漢書·卷六十七·黨錮傳·序》謂其「太學諸生三萬餘人……更相褒重……並危言深論，不隱豪強。自公卿以下，莫不畏其貶議，屣履到門。」又云：「互相題拂，品覈公卿，裁量執政。」《文獻通考·太學》引東坡〈蘇氏南安軍之學記〉亦云：「學莫盛於東漢，士數萬人，虛枯吹生，自三公九卿皆折節下之。三府辟召，常出其口，其取士議政，可謂近古。」可見士人不僅隱操百官進退之權，進而危言深論，批評實際政務。時士人以爲「虛士復用」（《後漢書》卷五十三），並與朝中名士互通聲氣，共相標榜，抨擊朝中濁流，言論聳動天下。是以牢順謂其「三桓專魯，六卿分晉」，袁宏謂其「觸萬乘，陵卿相。」（並見《後漢記》卷廿二）由於清議勢力之大，遂能激揚名聲，提倡氣節，社會上隱然有是非善惡之標準，於是賢者有所趨赴，不肖者知所企及，東漢晚年士氣之發揚，得力於清議者頗多。

　　至於清議領袖，以郭泰、賈彪爲其冠，並與李膺、陳蕃、王暢更相褒重，學中語曰：「天下模楷李元禮，不畏強禦陳仲舉，天下俊秀王叔茂。」（《後漢書》卷六十七）其言論意氣，往往挾有輿論制裁之力。如李膺「獨持風裁，以聲名自高。士有被其容接者，名爲登龍門。」（仝上）賈彪「與郭林宗、李元龍等爲談論之首，一言一行，天下以爲準的。」〔註6〕郭泰「獎拔士人，皆如所鑒」（《後漢書》卷六十八），李賢注引謝承書：「泰之所名，人品乃定，先言後驗，眾皆服之。」又《抱朴子·外篇》第四十六云：「其片言所褒，則重於千金；游涉所經，則賢愚波蕩；吐聲則餘音見法，移足則遺迹見擬。」

〔註6〕袁山松《後漢書》「賈彪」。

故當其與李膺同舟而濟，眾賓以爲神仙，遇雨而折巾一角，時人謂「林宗巾」（《後漢書》卷六十八），蓋具見慕清流領袖者如此。此外，如符融「幅巾奮袖，談辭如雲」（仝上），陳蕃「言爲士則，行爲士範」（《世說新語》卷一），范滂「清議猶利刃截腐肉」，時朱零云：「願爲明府所笞殺，不爲滂所廢也。……爲滂所廢，永成惡人。」〔註7〕從上可知李膺、賈彪、郭泰、符融、陳蕃、范滂等人，不僅片言之間，可立褒貶，而其吐聲移足之際，亦爲士人所競相摹倣。清議之最著者，則爲許劭之「月旦評」。據史載：

> （許）劭與（從兄）靖俱有高名，好共覈論鄉人物，每月輒更其品題，故汝南俗有「月旦評」焉。（《後漢書》卷六十八）

> （許）劭善與人論，臧否之談，所題目皆如其言，世稱郭詩之鑒焉。（《後漢書》卷廿七）

> （許）劭……進善黜惡……所稱如龍之升，所貶如墮於淵，清論風行，高唱偃草，爲眾所服，多所賞識……天下咸稱許劭爲知人。（謝承《後漢書》卷四）

所謂「月旦評」，即專以鄉黨人物爲對象，每月品題一次，以評定貴賤，所以勸善懲惡也，故民俗自易趨於美善。曹操微時，常卑辭厚禮，求爲己目（令品藻爲題目），劭不得已曰：「君清平之姦賊，亂世之英雄」，操大悅而去。袁紹入郡界，謝遣賓客曰：「吾輿服豈可使許子將見」（並見《後漢書》卷六十八），曹操欲其褒，袁紹畏其貶，社會之是非標準，隱然因清議之風，得以樹立。

此外，清議品題之褒貶毀譽，往往關乎士人之進退。如《世說新語》卷三引〈郭泰別傳〉曰：「（郭泰）有人倫鑒識，題品海內之士，或在幼童，或在里肆，後皆成英彥六十餘人。」〔註8〕符融薦達郡士范冉、韓卓、孔伷等三人。許劭拔樊子昭、和陽士，並皆顯名（並見《後漢書》卷六十八）。此品題而致顯也，亦有一經貶議而名裂者，如晉文經、黃子艾臥託養疾，無所通接，以養聲價，經李膺、符融察其空譽違實，自是名論漸衰，旬日之間，慙歎逃

〔註7〕謝承《後漢書》卷四，頁7。

〔註8〕《後漢書·卷六十八·郭泰傳》：「又識張孝仲芻牧之中，知范特祖郵置之役，召公子、許偉康並出屠酤，司馬子威拔自卒伍，及同郡郭長信、王長文、韓文布、李子政、曹子元、定襄周康子、西河王季然、雲中丘季智、郝禮眞等六十人，並以成名。」

去（全上）。陳元方為海內儁才，四方是則，父喪哭泣哀毀，其母竊覆以錦被，郭泰弔而譏之，自是賓客絕百所日（《世說新語》卷十）。又宦官唐衡兄玹進不由德，趙岐與從兄襲數為貶議，郡人皆輕侮之（《後漢書》卷六十四）。由上數例，可證清議之褒貶，隱然操有善惡進退之實權，誠不可忽視。

　　清議之議人物，其實即為議政，蓋其時正直廢放，邪枉熾結，海內清流之士，遂以人物品題，互相標榜，指天下名士，為之稱號。如「三君」、「八俊」、「八及」、「八厨」（同書，卷六十七）茲列其稱號如下：

三君	陳蕃—九卿直言有陳蕃		竇武—天下忠誠竇游平	劉淑—天下德弘劉仲承
八俊	李膺—天下模楷李元禮		荀昱—天下好交荀伯條〔註9〕	杜密—天下良甫杜周甫
	王暢—天下英秀王叔茂		劉佑—天下稽古劉伯祖	魏朗—天下忠平魏少英
	趙典—天下才英趙仲經〔註10〕		朱寓—天下冰凌朱季陵	
八顧	郭泰—天下和雍郭林宗		宗慈—天下通儒宗孝初	巴肅—天下臥虎巴恭祖
	夏馥—天下慕侍夏子治		范滂—海內雋謬范孟博	尹勳—天下英藩尹伯元
	蔡衍—天下雅志蔡孟喜		羊陟—天下清苦羊嗣祖	
八及	張儉—海內忠實張元節		岑晊—海內珍好岑公孝	劉表—海內所稱劉景升
	陳翔—海內貴珍陳子麟		孔昱—海內才珍孔梁人	苑康—海內彬苑仲眞
	檀敷—海內通士檀文有			
八厨	度尚—海內清平度博平		張邈—海內嚴恪張孟卓	王考—海內依怙王文祖
	劉儒—天下珏金劉叔林		胡母班—海內珍奇胡母季皮	秦周—海內貞良秦平王
	蕃嚮—海內修整蕃嘉景		王章—海內賢智王伯義	

（據袁山松《後漢書》「李膺」，以及《後漢書集解》卷六十七校補侯康引自《群輔錄》、惠棟引自學中語、以及三君八俊錄）

　　三君、八俊、八顧、八及、八厨，為天下名士，皆為之稱號，共相標榜，而自成一清流集團，上足與朝廷相抗衡，下則為社會所重，以清議矯朝政之失，雖時政彌惛，而其風愈往，故朝廷之爵位，誠不如處士名流之清高。又名士之稱號，如「冰凌」、「英才」、「珍奇」、「雅志」等評語，乃就德性之高下、善惡以立說，並出以七言歌謠之形式。不僅意佳，其詞亦美。而清議又善用比喻：如桓帝時京師稱李膺、陳蕃：

〔註9〕袁山松《後漢書》「李膺」條作「荀伯修」，《後漢書集解》卷六十七作「荀伯條」。

〔註10〕袁山松《後漢書》作：「天下英才趙仲徑」；《集解》作：「天下才英趙仲經」。

李元禮巖巖如玉山，陳仲舉軒軒如千里驥。（謝承《後漢書》卷四）

陳蕃論周乘云：

若周子居者，真治國之器？譬諸寶劍，則世之干將。（《世說新語·賞譽》第八）

華夏稱李膺、陳蕃、朱穆：

潁川李府君，頤頤如玉山；汝南陳仲舉，軒軒如千里馬；南陽朱公叔，飂飂如行松柏之下。（全上引《李氏家傳》）

郭泰論袁閬、黃憲云：

奉高之器，譬諸汎濫，雖清而易挹。叔度汪汪若千頃陂，澄之不清，淆之不濁，不可量也。

可見以譬喻狀人，不僅辭清語妙，而其品題人物之內涵，境界之高，情操之美，亦見其人談辭之美，開後世玄談之風。

綜而言之，漢代清議，始與鄉舉里選有關，其品鑒人物，誘納後進，實有助政治之拔舉人才。其後貴戚擅權，嬖倖用事，賞罰無章，賄賂公行，察舉徵辟為戚宦把持，太學生因而羣聚京師，結黨題拂，而流于議政，以收激濁揚清之效。其危言深論，不隱豪強，品覈公卿，裁量執政，天下士大夫，皆高尚其道而污穢朝廷，希之者唯恐不及，自是公卿以下，莫不畏其貶議，故清議之力，實能激揚名聲，提倡氣節，使士人知趨善避惡，社會隱然有一是非標準。若清議之首，如李膺之龍門、郭泰之識鑒、符融之吹噓、許劭之月旦等，其一語之褒，由是見用，一言之貶，沉廢終生，誠操進退用人之權，而其吐聲移足，常為士人所競相模仿。其後朝政日非，清議益峻，天下名士，皆為之稱號。指斥權奸，力持正論，忠義奮發，司馬溫公云：「然猶縣縣不至於亡者，上則有公卿大夫袁安、楊震、李固、杜喬、陳蕃、李膺之徒面引廷爭，用公義以扶其危，下則有布衣之士符融、郭泰、范滂、許劭之流，立私論以救其敗，是以政治雖濁而風俗不衰。」（《資治通鑑》卷六十八）如是則清議有助於風俗教化可知矣。而清議之品藻，不僅意佳詞美，且善用比喻，開後世玄談之風。

第三節　士人與宦官之水火——黨錮之禍

東漢士人之結黨，主要指同道之朋黨而言，歐陽修〈朋黨論〉云：「大凡

君子與君子，以同道爲朋。小人與小人，與同利爲朋，此自然之理也。」故君子小人皆有黨，道不同而已。朋黨爲君主所最忌，是以無論善惡，皆君主所亟欲去之也。東漢自安順以降，權閹執柄，敗國蠹政之事，不可殫書，是以海內嗟怨，忠良懷憤，劾治濁流之風盛矣。《後漢書・卷六十七・黨錮傳・序》：

> 桓、靈之間，主荒政繆，國命委於閹寺，士子羞與爲伍，故匹夫抗憤，處士橫議，遂乃激揚名聲，互相題拂，品覈公卿，裁量執政，婞直之風，於斯行矣。夫上好則下必甚，矯枉故直必過，其理然矣。
>
> 若范滂、張儉之徒，清心忌惡，終陷黨議，不其然乎？

蓋士人疾惡不平之氣，乃戚宦亂政所激，故其相爲馳驅，共爲朋黨，既而上干公卿，下交州郡，貶議朝政，疾視宦官，然宦官身在要津，易施報復，讒害忠良，終於釀成黨錮之禍，忠良善士，莫不罹被災毒，然士人氣節亦得以發揚亢厲。《日知錄》卷十七云：「至其末造，朝政昏濁，國事日非，而黨錮之流，獨行之輩，依仁蹈義，舍命不渝，風雨如晦，雞鳴不已。」其忠貞義烈，不以危亡阻其志，不以禍福易其心，觸冒斧鉞，僵仆於前；忠義奮發，繼起於後，隨踵就戮，視死如歸，亦氣節之最高表現也。

黨禍之起，由來已久，非一朝一夕之故也。趙翼云：

> 迨朝政日非，則清議亦峻，號爲正人者，指斥權奸，力持正論，由是其名益高，海內希風附響，惟恐不及，而爲所貶訾者怨刺骨，日思所以傾之，此黨禍之所以愈烈也。

可見士子之正義與道德，與宦官之腐敗與墮落，兩種勢力之衝突，乃形成不可避免之黨禍矣。其初安帝時，楊震三度上書切諫宦官用事，遂爲宦官所譖，飲酖而卒（《後漢書》卷五十四），楊震爲劾治濁流而成仁者第一人。其後李固、杜喬與梁冀爭立帝事，而爲冀所誣陷，下獄死（同書，卷六十三）。李、杜二人，爲當世名德，梁冀殺之，所以激動人心者甚大。李源澄《秦漢史》卷十五：「李固、杜喬皆當世名德，羣士嚮望，梁冀殺之，所以激動人心者甚大，憤嫉之情積於中，而呼號怨讟之聲盈於耳，激濁揚清，發憤快忘，則成黨錮之禍。」是以其後氣節表現愈趨激烈。安帝永興元年（西元 153 年），朱穆案驗宦官趙忠喪父，葬僭玉匣，剖棺出之，帝徵穆詣廷尉，輸作左校，太學生劉陶等數千人，願黥首繫趾，代穆輸作（卷四十三），帝覽奏而赦之。延熹二年（西元 159 年），李雲上疏劾奏閹宦，有「帝欲不諦乎？」之言，帝怒

下雲獄，杜眾傷雲忠諫獲罪，上書願與雲同日死，帝並下廷尉。大鴻臚陳蕃、太常楊秉、洛陽市長沐茂、郎中上官資並上疏請雲，俱受切責，蕃、秉免歸田里，茂資貶秩二等，李雲、杜眾皆死獄中（卷五十七）。延熹五年（西元 162年），皇甫規以征羌有功當封，宦官徐璜、左悺從而求貨不得，忿以餘寇不絕，坐繫廷尉，論輸左校。諸公及太學生張鳳等三百餘人詣闕訟之，會赦歸家（卷六十五）。以上皆為黨錮前之士節表現。此數人者，莫不勇於為義，至死不屈，而太學之請願干政，孜孜於國難之救亡行動，無所畏葸恐怯，亦為士節之發揚矣。

首次黨禍，興於延熹九年冬（西元 166 年），《後漢書·卷六十七·黨錮傳》：

> 時河內張成善說風角，推占當赦，遂教子殺人。李膺為河南尹，督促收捕，既而逢宥獲免，膺愈懷憤疾，竟案殺之。初，成以方伎交通宦官，帝亦頗訊其占。成弟子牢脩因上書誣告膺等養太學遊士，交結諸郡生徒，更相驅馳，共為部黨，誹訕朝廷，疑亂風俗。於是天子震怒，班下郡國，逮捕黨人，布告天下，使同忿疾，遂收執膺等。其辭所連及陳寔之徒二百餘人，〔註11〕或有逃遁不獲，皆懸金購募。使者四出，相望於道。

是第一次黨禍，李膺及陳寔等二百餘人遂見收執。次年（永康元年，西元 167年），《尚書》霍諝、城門校尉竇武表請赦免，又以李膺「頗引宦官子弟」（同書，卷六十七），於是濁流畏懼，乃大赦天下。

靈帝建寧元年（西元 168 年），大將軍竇武，太傅陳蕃謀誅宦官事洩而遇害，蕃年七十餘，將官屬諸生八十餘人，並拔刀突入承明門，與宦官格鬥，俱死於難，尹勳、劉瑜、馮述皆夷其族（《後漢書》卷六十六、六十九）。是時凶豎得志，士大夫皆喪其氣。然海內希風之流，遂以標榜為高，遂由侯覽再興黨獄。先是張儉鄉人朱並，承望中常侍侯覽意旨，上書告儉與同鄉二十四人別相署號，共為部黨，圖危社稷。〈黨錮傳〉云：

> 大長秋曹節因此諷有司奏捕前黨故司空虞放、太僕杜密、長樂少府李膺、司隸校尉朱寓、潁川太守巴肅、沛相荀昱、河內太守魏朗、山陽太守翟超、任城相劉儒、太尉掾范滂等百餘人，皆死獄中。餘或先殁不及，或亡命獲免。自此諸為怨隙者，因相陷害，睚眦之忿，

〔註11〕袁宏《後漢記》卷廿二作「詔收膺等三百餘人。」

濫入黨中。又州郡承旨，或有未嘗交關，亦罹禍毒。其死徙廢禁者，

六七百人。

第二次黨禍，李膺等百餘人死獄中，「妻子徙邊，諸附從者錮及五屬。制詔州郡大舉鉤黨，於是天下豪傑及儒學行義者，一切結為黨人」（卷八），死徙廢禁六七百人。熹平元年（西元 172 年），有人書朱雀闕，言「天下大亂，曹節、王甫幽殺太后，常侍侯覽多殺黨人，公卿皆尸祿，無有忠言者」（卷七十八），於宦官諷司隸校尉段熲捕繫太學諸生餘人（卷八）。五年，永昌太守曹鸞坐訟黨人，棄市。詔黨人門生故吏父兄子弟在位者，皆免官禁錮。光和二年（西元 179 年），大赦天下，諸黨人禁錮小功以下皆除之（並見卷八）。中平元年（西元 184 年），黃巾賊起，乃大赦黨人，誅徙之家皆歸故郡（卷六十七），此第二次黨禍也。凡黨事始自甘陵、汝南，成於李膺、張儉，海內塗炭，二十餘年，諸所蔓衍，皆天下善士，要其禍難，皆宦官激成之也。

二次黨禍雖酷，而士人多以列名黨禁為榮，如首次黨禁，陳實曰：「吾不就獄，眾無所恃」，乃自往囚（卷六十二），皇甫規上言宜豫黨錮（卷六十五），賈彪云：「吾不西行，大禍不解。」（卷六十七），當是時也，黨人或逃避求免，然諸君子則恥不得豫，士人之大義凜然可知也。范滂等被捕，皆三木囊頭，暴於階下，宦官王甫受命往詰，滂曰：

> 仲尼之言，見善如不及，見惡如探湯。欲使善善同其清，惡惡同其汙，謂王政之所願聞，不悟更以為黨。古之循善，自求多福；今之循善，身陷大戮。身死之日，願埋滂於首陽山側，上不負皇天，下不愧夷齊。（仝上）

范滂之語，將士人俯仰無怍之士節道盡，故王甫憨然為之改容，乃得並解桎梏。第二次黨錮之士節，時李膺被廢在家，鄉人謂膺曰：「可去矣。」對曰：「事不辭難，罪不逃刑，臣之節也。吾年已六十，死生有命，去將安之？」乃詣獄考死。景毅之子顧為膺門徒，毅慨然曰：「本謂膺賢，遣子師之，豈可以漏奪名籍，苟安而已！」遂自表免歸，時人義之。又如詔捕黨人范滂，督郵吳導伏泣不捕，縣令郭揖解印欲去，范滂乃慷慨詣獄，其母就與之訣曰：

> 汝今得與李、杜齊名，死亦何恨！既有令名，復求壽考，可兼得乎？

夫滂母一婦人女子耳，而能勵其子以忠義，情辭悱惻，感人最深，故范曄論云：「子伏其死，而母歡其義，壯矣哉！」以此見滂之成立有自，又可徵當時風俗之厚也。又如黨首張儉亡命困破，望門投止，莫不重其名行，破家相容，

其止李篤家，外黃令毛欽寧取仁義而釋之（以上俱見《後漢書》卷六十七），後亡抵孔褒家，其弟融留舍之，後事泄，儉得脫走，褒、融送獄，其母曰：「家事任長，妾當其辜」，一門爭死，詔竟坐褒（卷七十）。其所經歷，伏重誅者以十數，宗親並皆殄滅，郡縣爲之殘破，故范曄論云：

> 張儉見怒時王，顛沛假命，天下聞其風者，莫不憐其壯志，而爭爲之主。至乃捐城委爵、破族屠身，蓋數十百所，豈不賢哉！（卷六十七）

蓋張儉以區區一士，至使天下皆爲之「捐城委爵、破族屠身數十百所」，以生命殉其所信，雖無補於危亡，其故實可深思。是以趙翼云：「朝政亂則清流之禍愈烈，黨人之立名，及舉世之慕其名，皆國家激成之也。」（《廿二史劄記》卷五）夫名以懲惡，亦以勸善，衮鉞一時，薰蕕千載。東漢士人恥不得豫黨錮，蓋慕其流芳也。司馬溫公曰：「黨人生昏亂之世，不在其位，四海橫流，而欲以口舌救之，臧否人物，激濁揚清，撩虺蛇之頭，虎狼之尾，以至身被淫刑，禍及朋友，士類殲滅而國隨以亡，不亦悲乎！」（《通鑑》卷五十六）噫！節義何負於人之國，乃至於此？黨人豈不知守節觸禍之危？良以仁心爲己任，道遠而彌厲，故其發正辭，與宦豎爭衡，其信義足以攝持民心，雖身死之日，猶戀戀不能已，至矣哉！社稷之心乎。漢經黨錮之禍，人之云亡，邦國殄瘁，漢室亦隨之滅矣。

第四節　士風之轉變

　　東漢經外戚宦官之禍，黨錮清議之獄，風雨排山，政局滄溟，士風於是乎轉變，茲分數端論之。

一、經、玄之過渡

　　吳承仕《經典釋文敍錄疏證》云：

> 愚謂漢師拘虛迂闊之義，已爲世人所厭，勢激而遷，則去滯著而上窺玄遠。

夫六經者，聖人所以統天地之心也（《漢書・卷八十一・匡衡傳》）。以經學該明天時人事，故通經致用，爲漢儒之特色。及其末世，誦師言，守章句，漸流於繁瑣，不能施之世務。經書之外，又雜以緯書，眞所謂經緯萬端矣，是

以有識之士頗加鍼砭，王充《論衡》云：

> 夫儒生之業《五經》也，南面爲師，旦夕講授章句，滑習義理，究
> 備於《五經》，可也。《五經》之後，秦漢之事，無不能知者，短也。
> 夫知古不知今，謂之陸沉，然則儒生所謂陸沉者也。《五經》之前，
> 至於天地始開，帝王初立者，主名爲誰，儒生又不知也。夫知今不
> 知古，謂之盲瞽。《五經》比於上古，猶爲今也。徒能説今，不曉上
> 古，然則儒生所謂盲瞽者也。（〈謝短篇〉）

> 顏淵曰：「博我以文」，才智高者，能爲博矣。顏淵之曰博者，豈徒
> 一經哉？今不能博《五經》，又不能博眾事，守信一學，不好廣觀，
> 無溫故知新之明，而有守愚不覽之闇，其謂一經是者其宜也。（〈別
> 通篇〉）

〈謝短〉、〈別通〉二篇，批評儒生爲「盲瞽」、「陸沉」，又謂其守愚不覽之闇，
他如〈程材〉、〈量知〉、〈効力〉、〈超奇〉、〈狀留〉諸篇皆申此意。可見其時
博士以章句爲主之學術系統，已爲學者所厭棄，故雖同爲尊經尊孔，然於經
書之態度，則以博涉爲貴，而不肯專於一經；追求根本之大義，而反對矜於
訓詁章句。徐幹《中論・治學篇》亦云：

> 凡學者大義爲先，物名爲後，大義舉而物名從之。然鄙儒之博學也，
> 務於物名，詳於器械，矜於詁訓，摘其章句，而不能統其大義之所
> 極，以獲先王之心。……故使學者勞思慮而不知道，費日月而無成
> 功。

由於章句之繁瑣，學者往往自幼習一經，白首而不能通，是以刪減章句浮文，
使其簡化，實爲必要之舉。章句之刪減，自西漢末王莽已有之，光武繼之，
至於桓、靈而此風不斷，鄭玄「括囊大典，網羅眾家，刪裁繁誣，刊改漏失，
自是學者略知所歸。」（《後漢書》卷卅五）然其「質於辭訓，通人頗譏其繁」
（仝上），可見玄刪裁繁瑣之未盡，猶不免爲通人所譏。其後從獻帝初平元年，
以至建安年間，復有劉表所倡導之荊州學派，劉表爲黨錮八及之一，其於經
學仍以簡化章句浮辭爲主。《全三國文・卷五十六・劉鎮南碑》云：

> 君（劉表）深愍末學遠本離質，乃令諸儒改定《五經》章句刪剗浮
> 辭，芟除繁重，贊之者用力少而探微知機者多。

劉表深愍末世經學之破壞大體，從而改定章句，「刪剗浮辭，芟除繁重」，正
是承繼鄭玄「刪裁繁誣，刊改漏失」之精神而來，故荊州學派一則探求羣經

根本之大義，一則「探微知幾」，啓魏晉玄學之濫觴。又，荊州學派開始重視
《易經》與《太玄》（揚雄仿《易》之作）。《三國志・吳書》卷五十七：

> （虞）翻又奏曰：「經之大者，莫過於《易》。自漢初以來，海內英
> 才，其讀《易》者，解之率少。至孝靈之際，潁川荀諝號爲知《易》……
> 又南郡太守馬融……北海鄭玄，南陽宋忠，……各立注。」（注引〈虞
> 翻別傳〉）

宋忠爲荊州學派，著有《太玄經注》九卷（姚振宗《後漢藝文志》）與《周易
注》（《四庫提要・經部・易類・李鼎祚周易集解》），其時學者如王肅作《易
傳》、《解太玄》（《三國志・魏書》卷十三）、李譔著《古文易》、《太玄指歸》
（同書蜀書卷十二）等，皆爲經學日趨玄虛之表現，其後王弼注《易》、何晏
《論語集解》，咸雜糅莊老，援道注儒，大暢玄風，《易》與老、莊，合稱三
玄，故荊州學派可謂漢、晉間由儒入玄之學術潮流。

二、名節之賤視

漢末道微俗敝，閹宦當塗，操弄神器，殘仁害義。復兩經黨禍，忠賢誅
鋤，天下嗟嗷。黃巾叛變，民不聊生，天災四夷，接踵而至；其後董卓之亂，
竟使「長安城空四十餘日，強者四散，羸者相食，二三年間，關中無復人跡。」
（《後漢書》卷七十二）朝政既不能持於一統，人倫綱紀於是乎大壞。《抱朴
子・外篇・刺驕》：

> 聞之漢末諸無行，自相品藻次第。羣驕慢傲不入道檢者爲都魁雄伯、
> 四通八達，皆背叛禮教而從肆邪僻。訕毀眞正，中傷非黨；口習醜
> 言，身行弊事。凡所云爲，使人不忍論也。

葛洪具體指出漢末士人之「背叛禮教而從肆邪僻」，可見其時綱常名教之動
搖，《五經》不爲學者所重。漢末仲長統〈述志詩〉云：

> 叛散《五經》，滅棄風雅。百家雜碎，請用從火。（《後漢書》卷四十
> 九）

仲長統明標「棄經」，正指出漢代社會文化之解體，仁義道德之喪失已日趨嚴
重。三國魏初荀粲亦云：「六籍雖存，固聖人之糠秕。」（《三國志・魏書》卷
十注引《晉陽秋》）由漢亡至魏初，不過數年之間，學者乃緘口拱手不談經學，
而道術乃爲天下裂。加以曹操提倡惡俗，鄙薄仁義孝悌，崇尙跅弛之士，苟
有治國用兵之術，雖負污辱之名，亦復棄瑕登用，著名之〈魏武三詔令〉，漢

獻帝建安十五年春，下令曰：

> 今天下尚未定，此特求賢之急時也。「孟公綽爲趙、魏老則優，不可
> 以爲滕、薛大夫。」若必廉士而後可用，則齊桓其何以霸世！今天
> 下得無有被褐懷玉而釣于渭濱者乎？又得無盜嫂受金而未遇無知者
> 乎？二三子其佐我明揚仄陋，唯才是舉，吾得而用之。（《三國志・
> 魏書》卷一）

建安十九年十二月乙未令曰：

> 夫有行之士未必能進取，進取之士未必能有行也。陳平豈篤行，蘇
> 秦豈守信邪？而陳平定漢業，蘇秦濟弱燕。由此言之，士有偏短，
> 庸可廢乎！有司明思此義，則士無遺滯，官無廢業矣。（仝上）

建安廿二年秋八月令曰：

> 昔……韓信、陳平負污辱之名，有見笑之恥，卒能成就王業，聲著
> 千載。吳起貪將，殺妻自信，散金求官，母死不歸，然在魏，秦人
> 不敢東向，在楚則三晉不敢南謀。今天下得無有……負污辱之名，
> 見笑之行，或不仁不孝而有治國用兵之術？其各舉所知，勿有所遺。
> （仝上注引《魏書》）

曹操爲宦官曹騰之孫，其家世既與士族爲仇，其行亦以摧抑士氣名節爲主，
觀其下令再三，明言「廉士不足用」，又標舉陳平、蘇秦、韓信、吳起諸人，
或不仁不孝，負污辱之名、見笑之行，而卒能成就王業，聲著千載者皆用之，
其用意可知矣。故其打破東漢二百餘年社會所重之德行觀念，而「唯才是舉」，
自是「才」重於「德」，風俗大壞，人心一變，顧亭林所謂「經術之治，節義
之防，光武明章數世爲之而未足，毀方敗常之俗，孟德一人變之而有餘」（《日
知錄・卷十七・兩漢風俗》），誠得之矣。然以魏武之暴戾彊伉，加以有大功
於天下，俯仰顧盼，天業可移，其蓄無君之心必久矣，乃至沒身終執臣節，
而不敢廢漢自立，豈其志之不欲哉？猶畏名節而自抑也。觀其〈短歌行〉：

> 青青子衿，悠悠我心，但爲君故，沈吟至今。……
> 明明如月，何時可掇，憂從中來，不可斷絕。
> 越陌度阡，枉用相存，契闊談讌，心念舊恩。
> 月明星稀，烏鵲南飛，繞樹三匝，何枝可依。
> 山不厭高，海不厭深，周公吐哺，天下歸心。

〈短歌行〉乃曹操描述自身篡漢與否之矛盾心態，有如「明明如月，何時可

掇」、「契闊談讌，心念舊恩」、「繞樹三帀，何枝可依」，皆是此種心態之衝突表現，然其終執臣節，所謂「周公吐哺，天下歸心」，其不能抗拒社會長久之名節觀念可知也。又其斥抑其子曹彰曰：

> 汝不念讀書慕聖道，而好乘汗馬擊劍，此一夫之用，何足貴也。（《三國志·魏書》卷十九）

操既下魏武三令以摧抑名節，又勸其子慕習聖道，可見其所重仍在儒術，故其身之不敢即篡，良有以也。及其子丕乃發動篡逆，弒君作亂，幾無寧歲，禮法頹敗，姦偽萌生。其後魏明帝太和時，董昭上疏陳末流之弊曰：

> 竊見當今年少，不復以學問為本，專更以交游為業；國土不以孝悌清脩為首，乃以趨勢游利為先。（《三國志·魏書》卷十四）

魚豢《魏略·序》，述漢末及魏世儒學之衰敝：

> 從初平之元，至建安之末，天下分崩，人懷苟且，綱紀既衰，儒道尤甚。……至太和、青龍中，……太學諸生有千數，而諸博士率皆麤疏，無以教弟子。弟子本亦避役，竟無能習學，冬來春去，歲歲如是。……正始中……見在京師者尚且萬人，而應書與議者略無幾人。又是時朝堂公卿以下四百餘人，其能操筆者未有十人，多皆相從飽食而退。嗟夫！學業沈隕，乃至於此。（仝上，卷十三注引《魏略》）

董昭、魚豢所述，令人閱之悚然，夫以兩漢經學之盛，不百年而一衰至此，是則漢、魏之間，士人不修學問名節，專以交游求利為務，而漸啟貪污之俗故也。晉傅玄上疏：「魏武好法術，而天下尚刑名；魏文慕通達，而天下賤守節。」（《晉書》卷四十七）其後綱維不振，放誕盈朝，士人盡棄經典而尚老莊，蔑禮法而崇放達，名節不復存矣。

三、道家之復甦

　　道家思想本為矯世之思想。漢初一度極為盛行，武帝黜百家而獨尊儒術，道家乃隱而不彰。東漢帝王崇尚讖緯，迷信休咎，天人感應之說瀰漫滋衍，有識之士往往藉助道家思想起而矯之。王充著《論衡》，其宗旨一言以蔽之，曰：「疾虛妄」（《論衡·卷二十·佚文》），即在反荒誕虛妄之天人思想。《後漢書》本傳謂其「年漸七十……乃造養性書十六篇，裁節嗜欲，頤神自守。」（卷四十九）則此書必含有濃厚之道家意味。《論衡》云：「自然無為，天之

道也。」（卷三〈初稟〉）又云：「夫天道，自然也，無為。如譴告人，是有為，非自然也。黃老之家，得其實矣。」（卷十四〈譴告〉）此處王充提出老子「道法自然」之說，以道家自然主義，破除天人感應說，漢代思想經王充之批評駁斥，其後乃有漢末與魏晉思想之通脫。王充而後，東漢中葉之學者亦不排斥道家思想，如順帝時張衡，著有〈思玄賦〉、〈髑髏賦〉、〈歸田賦〉等，其作品中皆有濃厚之道家色彩。其〈歸田賦〉云：

感老氏之遺誡，將迴駕乎蓬廬。（《全後漢文》卷五十三）

〈東京賦〉云：

為無為，事無事，永有民以孔安。遵節儉，尚素樸，思仲尼之克己，履老氏之常足。（全上）

張衡於賦中，常以道家為指歸，〈東京賦〉中，並將儒道並舉，可見道家思想已逐漸復甦。順、桓之間，經學通儒馬融不僅大注《孝經》、《論語》、《詩》、《易》、《三禮》、《尚書》等，並為《老子》、《淮南子》作注。當其不應大將軍鄧騭之召，客於涼州，幾於餓死之際，繼而乃自悔非老莊之道（《後漢書》卷六十），可見其篤信老學之深。故融之注老，誠為日後老學奠基，而漢代言道家，常稱黃老，老莊並舉，融殆為第一人。此外，漢儒道家思想著于言論者尤多，如朱穆作〈崇厚論〉，引道注儒（同書卷四十三），李固對策，述老子之言以進諫（卷六十三），〔註12〕楊厚、范升、樊準教授門生，皆以儒老並重（卷三十、卅六、卅二），任隗、鄭均、楚王英、翟酺，皆好黃好（卷卅一、卅七、四十二、四十八）。凡此皆可證東漢黃老之學未衰，其修習者頗眾。士人奉持如此，帝王甚且過之，《後漢書·卷七·孝桓帝紀》：

延熹八年春正月，遣中常侍左悺之苦縣，祠老子。

十一月，使中常侍管霸之苦縣，祠老子。

延熹九年七月，祠黃、老於濯龍宮。

范曄論桓帝「設華蓋以祠老子」，即謂此也，是帝不僅遣使祠老子於楚縣神廟，並於宮中祠黃老，其尊崇黃老可謂備矣。其後靈帝時，鉅鹿張角亦以黃老惑民。《後漢書》卷七十一：

張角……奉事黃老道……以善道教化天下，轉相誑惑。十餘年間，眾徒數十萬。

〔註12〕《後漢書·卷六十三·李固傳》：順帝陽嘉二年，李固對策，諫帝宜退外戚，引老子曰：「其進銳，其退速也。」

張角以黃老之道誑惑人民,「十餘年間,眾徒數十萬」,其所以能如此,實因政治黑暗,加之天災人禍,民不聊生,自易迷信神祇,以求精神解脫。而黃老之學,順自然,守常道,清靜自持,自有安撫人心之大用。故士人睹政局之黑暗,傷天道之未厭亂,慟衰世之不能挽,失望之極,歸于無為,則成遁世之人。《後漢書》卷六十一:

> 時梁冀貴盛,被其徵命者,莫敢不應,唯(周)勰前後三辟,竟不
> 能屈。後舉賢良方正,不應。又公車徵,玄纁備禮,固辭廢疾。常
> 隱處竄身,慕老聃清靜,杜絕人事,巷生荊棘,十有餘歲。

周勰避梁冀而隱竄不仕,崇慕老子清靜,故其思想乃受道家影響。又,《後漢書·逸民列傳》,多不乏篤信老莊之士,田弱薦法真曰:

> 幽居恬泊,樂以忘憂,將蹈老氏之高蹤,不為玄纁屈也。(卷八十三)

法真「蹈老氏之高蹤」而隱絕不仕,他如向長、高恢、臺佟、韓康、矯慎皆不脫道家思想。靈、獻之時,忠賢誅鋤,朝綱蕩然,仲長統有感於「名不常存,人生易滅」之悲哀,欲卜居清曠,作〈樂志論〉云:

> 安神閨房,思老氏之玄虛;呼吸精和,求至人之仿佛。……消搖一
> 世之上,睥睨天地之間,不受當時之責,永保性命之期。(卷四十九)

李賢注曰:

> 老子曰:玄之又玄,虛其心實其腹。呼吸,謂咽氣養生也。莊子曰:
> 吹照呼吸,吐故納新。又曰:至人無己也。

〈樂志論〉之道家思想,正可代表漢末士人由外馳轉為內歛之覺醒,其既感於政治現實之壓迫,既不肯為外物聘其心志,唯有「寄愁天上,埋憂地下」(全上),而以老氏至人之養生享樂,作為生命之歸趣與嚮往。宅心玄遠,樂以忘憂,正可以「不受當時之責,永保性命之期」。而其投迹山林,仰慕玄虛,亦啟魏晉玄學之風。

四、清談之風氣

漢末閹豎當政,士人激濁揚清,危言深論,品覈公卿,裁量執政,開清議之風,時政彌昏,而其風愈往,故清議之內容,主要為政論性。清談乃清議之轉化,主要內容為品鑒人倫與思想討論。黨錮獄後,善類一空,賢士達人多思苟全性命,不求宦達。朱子〈答劉子澄書〉云:

> 蓋剛大方直之氣,折於兇虐之餘,而漸圖所以全身就事之計,故不

覺其淪胥而至此耳。（《朱文公文集》卷卅五）

士人既折於凶虐，故不復以天下爲己任，而圖以保家全身之計。魏桓曰：「夫干祿求進，所以行其志也。今後宮千數，其可損乎？廐馬萬匹，其可減乎？左右悉權豪，其可去乎？」遂隱身不出。徐穉寄語郭泰曰：「大樹將顚，非一繩所維，何爲栖栖不遑寧處？」（俱見《後漢書》卷五十三）由魏、徐之言，可知其時士人遭受政治迫害之嚴害，既不能任宦以行其志，遂由具體之批評朝政，轉向非政論性之清談。漢末士人之清談，如：

> 郭泰……善談論，美音制……雖善人倫，而不爲危言覈論。（《後漢書》卷六十八）

> 謝甄……與陳留邊讓並善談論，俱有盛名。每共候林宗，未嘗不連日達夜。（仝上）

> （李）膺風性高簡，每見（符）融，輒絕它賓客，聽其言論。融幅巾奮襃，談辭如雲，膺每捧手歎息。（仝上）

> 前（青州）刺史焦和好立虛譽，能清談。（同書，卷五十八）

> 孔公緒清談高論，噓枯吹生。（同書，卷七十）

郭泰、謝甄、邊讓、符融、焦和、孔公緒等，皆以「善談論」而名，郭泰雖善於品評人物，然不爲「危言覈論」，故黨事起獨能免其害，可見其時談論內容，已超乎政治之限制。《後漢書》卷卅五載鄭玄之談論：

> 袁紹……大會賓客，玄最後至，乃延升上坐。身長八尺，飲酒一斛，秀眉明目，容儀溫偉。紹客多豪俊，並有才說，見玄儒者，未以通人許之，競設異端，百家互起。玄依方辯對，咸出問表，皆得所未聞，莫不嗟服。

鄭玄博通百家，善於談論，故能「依方辯對」。清談至此已由政治轉爲學術。至於清談之目，則始於魏明帝青龍中，《三國志‧魏書‧卷廿一‧劉劭傳》，夏侯惠薦劭曰：

> 臣數聽其清談，覽其篤論，漸漬歷年，服膺彌久，實爲朝廷奇其器量。

至於魏世之清談，所含內容頗爲廣泛，如曹植與邯鄲淳共清談：

> 時天暑熱，（曹）植因呼常從取水自澡訖，傅粉。……於是乃更著衣幘，整儀容，與（邯鄲）淳評說混元造化之端，品物區別之意，然

後論義皇以來賢聖名臣烈士優劣之差，次頌古今文章賦誄及當官政
事宜所先後，又論用武行兵倚伏之勢。（全上注引《魏略》）

於此，知魏初談事之盛，其內容包含玄學、古今人物、文學、政治、軍事諸
端，尤可注意者，則為曹植談論前之自我修飾，觀其「著衣幘，整儀容」，甚
至「傅粉」。男子傅粉，東漢時李固已為之：

（李）固獨胡粉飾貌，搔頭弄姿，槃旋偃仰，從容冶步。（《後漢書》
卷六十三）

李固自我修飾姿貌，可見其時士人對於一己容儀之重視，其後何晏甚且「動
靜粉白不去手，行步顧影。」（《三國志・魏書》卷九注引《魏略》）由漢末至
魏世，士人對於容儀品貌之愈益重視，已形成一時風氣，而名士不僅於清談
中，可表現一己之才情，其於容儀之修飾，亦為談事之助，此實為士人追求
自我，縱情風雅之表現。及魏帝正始之際，何晏、王弼「祖述玄虛以立論」，
一時學者宗之，競以辯談玄理為貴，遂開晉人清談之風。《日知錄》卷十七「正
始」云：「魏明帝殂，少帝即位，改元正始。……一時名士風流盛於雒下，乃
其棄經典而尚老莊，蔑禮法而崇放達，視其主之顛危若路人然，即此諸賢為
之倡也。自此以後，競相祖述。」可見清談之風，在魏之正始即已盛行，其
後乃競相倣效，遂成風氣。

總而言之，東漢士風之轉變，乃由於經學章句之繁瑣、天人感應之學說，
已為有識之士所不滿，加以政治現實之動蕩，黨錮之禍，善類一空，士人不
復以天下為己任，漸圖以保身全家之計，道家自然適性之思想，自易符合人
生，於是放懷玄遠，蔚為風尚。其後魏武破壞名節，風俗人心大變，繼而其
子曹丕篡逆，禮法頹敗，士人多遭殺戮。賢士達人既感於「名不常存，人生
易滅」，乃由外馳轉而為內心之追求，於是黜六經而以老莊為宗，蔑禮法而祖
述玄虛，自是清談之風大盛。夏曾佑云：「六藝隱而老莊興，經師亡而名士出，
秦漢風俗，至此一變」（《中國古代史》中古史第一章），誠為確論。

第六章 結 論

　　以上就東漢經術、士風二者作個別之探討，本處擬就二者之相互關係，作一討論。

　　夫風俗者，國之脈診也（崔寔〈政論〉）。《日知錄》論風俗，以為三代以下，風俗之美，無尚於東京者。東漢風俗所以譽為三代以下之冠者何也？其因當推本於光武之崇尚儒術與表彰氣節。由於光武崇尚儒術，是以上自帝王廷臣，下及崖穴之士，莫不以崇尚經學為職志，下逮明、章二帝，而造成經術之極盛。光武之表彰氣節，則為其旌節士、舉逸民，變西京貪儒之風，為廉直之俗，故其後風俗烝烝，俱以節義相高。以上二端，由於上焉者之鼓勵，於是下焉者風起雲湧，蔚然成風，故造成東漢經術之盛而士多節義也。而東漢取士，上自廟堂之臣，下及郡縣胥吏，咸取經明行修之士，一則治經以致其用，一則修身以立其節，觀其或詔書奏議、或諫諍君主、或修德立名，無不以儒家經義為所據依，致使士風優美，民風淳樸，此經術所以影響士風也。而士風自察舉敗壞，為戚宦把持，士人之交遊結納、竊名偽服，造成處士純盜虛聲、名不準實之現象。加之政治秕僻，戚宦執柄，敗國蠹政之事，不可殫書，是以海內嗟毒，忠良懷憤，黨錮之流，獨行之輩，依仁蹈義，舍命不渝。當此時也，京師英雄四集，志士交結之秋，雖務經學，守之何固？黨錮之後，忠賢銖鋤，儒風衰而道術裂，六藝隱而老莊出，經師亡而名士出，東漢經術，自是一變，此士風所以影響經術也。茲分述於下：

　　光武中興，即起太學，修明禮樂，興明堂、靈台、辟雍，置《五經》博士，文物煥然。明、章二帝繼之，自皇太后至功臣子弟皆入學。章帝大會諸儒於白虎觀，連月乃罷，作白虎議奏。經學得三帝提倡，而臻於極盛，於是

敦化大興，學校發達。《後漢書·卷七十九·儒林傳》云：「其服儒衣，稱先生，遊庠序，聚橫塾者，蓋布之於邦域矣。若乃經生所處，不遠萬里之路，精廬暫建，贏糧動有千百，其耆名高義開門受徒者，編牒不下萬人，皆專相傳祖，莫或訛雜。」由耆門高義受徒之多，經生求學之不遠萬里之路，正反應官學、私學之興盛；由「專相傳祖，莫或訛雜」，可知由於經師對經典解釋不同，傳經端賴師法與家法，背師說而弗用，以成其一家之說。故其後以經說之歧異，而產生四次今古文之爭，其始劉歆責之而獲罪，其繼韓歆爭之而不行，至陳元行之而不久，何休、鄭玄亦互為辯難，諸儒斷斷而爭者，蓋漢家以經義斷事，凡大議論、大獄訟，輒引經義以決之，故經義不容兩歧，其爭非無故也。然自和帝時，博士皆以意說，不修家法。安帝時，博士倚席不講，朋徒相視怠散，學舍頹敝，鞠為園蔬，牧兒蕘豎，至於薪刈其下。而章句繁衍，多者百餘萬言，學徒勞而少功，後生疑而莫正，學者趨於遊談，以浮華相尚，儒者之風蓋衰。有識之士鑒於章句之有害經義，故起而刪減，其風始自王莽，至於桓、靈而不衰。而其時古文學之平易實際，追求《六經》根本大義，正為今文學之矯正，其風漸興，故東漢多通儒之士，治經兼采今、古文，而經學漸趨會通之途。其後鄭玄以高才偉識，集今、古文學之大成，不守一先生之言，括囊大典，網羅眾家，刪減繁誣，刊改漏失，自是學者略知所歸，今、古文泯而鄭學昌，此東漢經術之大略也。

　　東漢學術中，與經術並稱內、外學，而盛行一世者，則為讖緯學。讖緯始於騶衍，造作於方士，盛於西漢哀平，而其儒化，深入《六經》之中，則緣於漢武帝之獨尊儒術而篤信方士，方士援緯入儒，是以儒術盛而讖緯亦興。西漢末年，王莽以符命篡漢，其後光武以「圖讖言劉秀當為天子」而有天下，遂於讖緯篤信不疑。中元元年，宣布圖讖於天下，舉凡即位、用人、立政，皆一之於圖讖。明、章二帝祖述之，明帝以讖緯正《五經》異說，章帝以之定律曆，自是以圖讖為學者，謂之內學，儒者爭學之，附同者稱顯，乖忤者淪敗，於是《六經》皆有緯，以緯正經，其地位遂凌乎經學矣。然《六經》與《七緯》，既稱內、外學，其勢亦互為影響，讖緯之中，亦不乏儒家思想，有如三綱名教與重德輕刑二端，正可與經術相輔相成，而有助政教民俗之建立。讖緯至鄭玄，而臻於極盛，蓋玄大注緯書，凡《易》、《書》、《詩》、《禮》、《樂》、《春秋》、《孝經》，皆為之注，歷來注緯者，未有如是之偉也。他如通儒馬融、何休之倫亦為之，可見其說之盛行。其後政治大壞，今文章句不受

重視，而讖緯漸衰。此讖緯學之大略也。

東漢君主既獎倡經術，東漢思想一以儒學爲宗，儒家提倡忠孝仁義之道，「列君臣父子之禮，序夫婦長幼之別」，教立於上，俗成於下，自公卿大夫至于郡縣之吏，咸選用經明行修之人。東漢選士，皆取經明行修之士，所謂「經明行修」，即指通經致用與敦品勵行而言，此種經世之學，亦即內聖外王之學，必使內外上下，契合無間，以經學通朝野上下之志，立時代風尚之綱維，故能造成明教化、美風俗、敦性情、勵品節之風氣。觀後漢取士，非專重其文，而必深考其行，其所尊經，必尊其能實行經義之人，後漢三公如袁安、楊震、李固、陳蕃諸人，不僅通明經義，其立身亦有可觀，此無他，所談者仁義，所傳者聖法，人識君臣父子之綱，家知違邪歸正之路，誠儒學之效也。

夫儒學之效所以如此，除君主提倡經術外，厥惟光武之旌節士、舉逸民。旌節士，所以變西京貪儒之風，爲廉直之俗；舉逸民，所以推巖穴幽隱之士，使天下歸心，於是群方咸遂，志士懷仁，是大有功於名教也。顧炎武云：「曰名教，曰名節，曰功名，不能使天下之人以義爲利，而猶使以名爲利，雖非純王之風，亦可以救積洿之俗矣。」（《日知錄》卷十七）又云：「漢人以名爲治，故人才盛。」漢人以名爲教，加以察舉徵辟，必採鄉曲之譽，是以禮節之士，敏德自修，閭里推高，然後爲府寺所辟。觀所察舉科目，如孝廉、賢良方正、敦樸、有道、賢能、直言、獨行、高節、質直、清白等，皆注重道德，希仕者必修貞確不拔之操，一則砥勵名節，一則激勵鄉曲，是以名節日著，風俗日美。影響所及，東漢士人於行爲上往往見重仁義、表死節、褒正直，至於殺身成仁，亦在所不惜，其功足以激濁揚清，師範僚友，如人倫孝行、故主報恩、尊崇師道、競尚復仇、崇讓之風、清廉高節、退仕隱逸等士節，或僅踐一小節，然其行往往據於儒家經義，而成爲社會道義之標準，即如東漢盜賊，對於賢儒，尚且知其名而不犯其境，則知社會之敬重學者，亦經術使然也

由於君主之表彰經術與氣節，士人或揚身王廷，援引經義，以折君非，或蟄居講誦，積德在躬，以盡成俗化民之責，其高風勁節，淬勵奮發，蔚然成風。及乎末世，君道秕僻，朝綱日陵，孝和以降，貴戚擅權，嬖倖用事，可謂亂矣。然上則有忠臣李膺、陳蕃、杜喬，楊震之徒，慷慨直陳，引經義以扶其危；下則有布衣之士范滂、郭泰、許劭之流，立清議以救其敗，是以政治雖濁，而風俗不衰。〈左雄傳・論〉，以漢世傾而未頹，決而未潰，皆仁

人君子心力之爲；〈陳蕃傳・論〉，以漢亂而不亡，百餘年間，爲蕃等之力；〈孔融傳・論〉，以曹操不敢及身篡漢，終執臣節，爲融之功；〈儒林傳・論〉，以桓、靈之後，國勢崩離，而群雄不敢遽篡，爲儒學之效，范曄之表揚節義，推獎儒術者如此。及黨錮之禍起，士人或闇然媚世以全身，或隱逸山林以全道，而抗拒濁流，以挽頹波，則爲氣節之士所尙。其後忠賢銖鋤，海內塗炭，經國之儒學已失其社會文化之效用，道術乃爲天下裂。加之今文章句煩瑣，兵禍頻仍，人心厭亂，士人漸圖以保家全身之計，緣是玄學之風起，秦漢風俗，至此一變。

主要參考書目

一、經籍論著

1. 《十三經注疏》，藝文印書館。
2. 《春秋左氏傳舊注疏證》，劉文淇，明倫出版社。
3. 《春秋繁露注》，凌曙，世界書局。
4. 《白虎通疏證》，陳立，藝文印書館影印《皇清經解續編》本。
5. 《經學源流考》，甘鵬雲，廣文書局。
6. 《兩漢五經博士考》，張金吾，商務印書館《叢書集成簡編》。
7. 《新學偽經考》，康有爲，世界書局。
8. 《春秋辨例》，戴君仁，中華叢書編審委員會。
9. 《十三經概論》，蔣伯潛，中新書局。
10. 《群經概論》，周予同，臺灣商務印書館。
11. 《中國經學史》，馬宗霍，臺灣商務印書館。
12. 《中國經學史》，本田成之，廣文書局。
13. 《經學歷史》，皮錫瑞撰、周予同注，河洛圖書出版社。
14. 《經學通論》，皮錫瑞，河洛圖書出版社。
15. 《經今古文學》，周予同，臺灣商務印書館。
16. 《兩漢今古文平議》，錢穆，東大圖書公司。
17. 《經學研究論集》，王靜芝等編，黎明文化事業公司。
18. 《國學概論》，錢穆，臺灣商務印書館。

二、史書論著

1. 《史記三家注》，裴駰集解、司馬貞索隱、張守節正義，藝文印書館。

2. 《漢書補注》，王先謙，藝文印書館。

3. 《後漢書集解》，王先謙，藝文印書館。

4. 《三國志集解》，盧弼，藝文印書館。

5. 《姚輯東觀漢記》，姚之駰，鼎文書局。

6. 《陶輯東觀漢記并拾遺》，陶棟，鼎文書局。

7. 《謝承後漢書》，汪文臺輯，鼎文書局。

8. 《薛瑩後漢書》，汪文臺輯，鼎文書局。

9. 《司馬彪續漢書》，汪文臺輯，鼎文書局。

10. 《華嶠後漢書》，汪文臺輯，鼎文書局。

11. 《謝沈後漢書》，汪文臺輯，鼎文書局。

12. 《袁山松後漢書》，汪文臺輯，鼎文書局。

13. 《張璠漢記》，汪文臺輯，鼎文書局。

14. 《漢紀》，荀悅，臺灣商務印書館。

15. 《後漢紀》，袁宏，臺灣商務印書館。

16. 《兩漢博聞》，楊侃，臺灣商務印書館。

17. 《兩漢三國學案》，唐晏，世界書局。

18. 《東漢會要》，徐天麟，世界書局。

19. 《通典》，杜佑，新興書局。

20. 《通志》，鄭樵，新興書局。

21. 《文獻通考》，馬端臨，新興書局。

22. 《漢制考》，王應麟，臺灣商務印書館。

23. 《漢官六種》，孫星衍輯，中華書局《四部備要》本。

24. 《資治通鑑》，司馬光，世界書局。

25. 《讀通鑑論》，王夫之，里仁書局。

26. 《四史知意》，劉咸炘，鼎文書局。

27. 《廿二史劄記》，趙翼，中華書局。

28. 《十七史商榷》，王鳴盛，廣文書局。

29. 《困學紀聞集證》，萬蔚亭，中華叢書編審委員會。

30. 《文史通義》，章學誠，盤庚出版社。

31. 《讀史正氣錄》，姚德鈞、劉秉衡輯，名實出版社。

32. 《二十五史補編》，開明書店。

33. 《中國史學上之正統論》，饒宗頤，宗青圖書出版公司。

34. 《中國古代史》，夏曾佑，臺灣商務印書館。

35. 《秦漢史纂》，瞿兌之，鼎文書局。

36. 《歷代人物年里碑傳綜表》，姜亮夫，華世出版社。

37. 《漢晉學術編年》，劉汝霖，長安出版社。

38. 《中國通史參考材料》，錢穆，東昇出版事業公司。

39. 《國史大綱》，錢穆，臺灣商務印書館。

40. 《國史舊聞》，陳登原，大通書局。

41. 《秦漢史》，李源澄，臺灣商務印書館。

42. 《秦漢史》，錢穆，三民書局。

43. 《秦漢史》，呂思勉，開明書局。

44. 《秦漢史》，勞榦，中國文化學院出版部。

45. 《先秦及兩漢歷史論文集》，李則芬，臺灣商務印書館。

三、子部別集論著

1. 《全上古三代秦漢三國六朝文》，嚴可均輯，宏業書局。

2. 《羣書治要》，臺灣商務印書館《四部叢刊》。

3. 《呂氏春秋集釋等五書》，呂不韋，鼎文書局。

4. 《論衡》，王充，中華書局。

5. 《申鑒》，荀悅，臺灣商務印書館《四部叢刊》。

6. 《中論》，徐幹，臺灣商務印書館《四部叢刊》。

7. 《抱朴子》，葛洪，世界書局《諸子集成》。

8. 《北堂書鈔》，虞世南，新興書局。

9. 《太平御覽》，李昉，新興書局

10. 《原抄本日知錄》，顧炎武，明倫出版社。

11. 《陔餘叢考》，趙翼，世界書局。

12. 《癸巳類稿》，俞正燮，世界書局。

13. 《玉函山房輯佚書》，馬國翰輯，文海出版社。

14. 《觀堂集林》，王國維，河洛圖書出版社。

15. 《劉申叔先生遺書》，劉師培，華世出版社。

16. 《世說新語校箋》，楊勇，洪氏出版社。

17. 《潛夫論集釋》，胡楚生，鼎文書局。
18. 《顏氏家訓集解》，王利器，明文書局。
19. 《風俗通義校注》，王利器，明文書局。
20. 《梅園論學集》，戴君仁，開明書店。
21. 《梅園論學續集》，戴君仁，藝文印書館。

四、學術思想論著

1. 《秦漢思想研究》，黃錦鋐，學海出版社。
2. 《兩漢思想史》，徐復觀，學生書局。
3. 《漢代學術史略》，顧頡剛，啓業書局。
4. 《中國思想史》，韋政通，大林出版社。
5. 《中國思想史》，蔡懋堂譯，學生書局。
6. 《中國思想史》，錢穆，學生書局。
7. 《中國學術思想史論叢》，錢穆，東大圖書公司。
8. 《中國思想與制度論集》，張永堂譯，聯經出版事業公司。
9. 《中國學術思想變遷之大勢》，梁啓超，中華書局。
10. 《中國中古思想史長編》，胡適，胡適紀念館影印手稿本。
11. 《魏晉思想論》，劉大杰，中華書局。
12. 《魏晉清談述論》，周紹賢，臺灣商務印書館。
13. 《魏晉思想與談風》，何啓民，學生書局。
14. 《中古門第論集》，何啓民，學生書局。
15. 《中國文化史》，陳登原，世界書局。
16. 《中國文化史》，柳詒徵，正中書局。
17. 《中國古代禮教史》，周林根，知識青年叢書。
18. 《中國古代文化與中國知識份子》，胡秋原，學術出版社。
19. 《中國知識階層史論》，余英時，聯經出版事業公司。

五、哲學論著

1. 《儒家哲學》，梁啓超，中華書局。
2. 《兩漢哲學》，周紹賢，文景出版社。
3. 《歷史哲學》，牟宗三，學生書局。
4. 《中國哲學史資料選輯》，馮芝生等，九思出版社。

5. 《中國哲學史》，馮友蘭，通行本。

6. 《中國哲學史》，勞思光，華世出版社。

7. 《中國哲學思想論集》，牟宗三等，牧童出版社。

8. 《公羊家哲學》，陳柱，中華書局。

六、政治社會學論著

1. 《中國政治思想史》，陶希聖，食貨出版社。

2. 《中國政治思想史》，蕭公權，中國文化大學出版社。

3. 《中國政治制度史》，曾繁康，華岡書局。

4. 《中國政治制度史》，湯承業，黎明文化事業公司。

5. 《秦漢政治制度》，陶希聖、沈任遠，臺灣商務印書館。

6. 《兩漢中央政治制度與法儒思想》，楊樹藩，臺灣商務印書館。

7. 《中國歷代政治得失》，錢穆，東大圖書公司。

8. 《兩漢監察制度》，陳世材，臺灣商務印書館。

9. 《兩漢監察制度》，王兆徽，國立政大印行。

10. 《中國考試制度史》，沈兼士，臺灣商務印書館。

11. 《中國教育史》，王鳳喈，正中書局。

12. 《中國教育史》，陳東原，臺灣商務印書館。

13. 《中國歷代大學史》，王宗佀，中華文化出版事業。

14. 《中國青年運動史》，包遵彭，正中書局。

15. 《中國婦女史論集》，鮑家麟，牧童出版社。

16. 《中國民俗史》，張亮采，臺灣商務印書館。

17. 《東漢宗教史》，宋佩韋，臺灣商務印書館。

18. 《先秦兩漢之陰陽五行說》，李漢三，維新書局。

19. 《鄒衍遺說考》，王夢鷗，臺灣商務印書館。

七、博碩士論文

1. 〈許慎之經學〉，黃永武，師大博士論文。

2. 〈馬融之經學〉，李威熊，政大博士論文。

3. 〈鄭玄之讖緯學〉，呂凱，政大博士論文。

4. 〈史記漢書儒林列傳疏證〉，黃慶萱，師大碩士論文。

5. 〈清代經今文學述〉，李新霖，師大碩士論文。

6. 〈東漢讖緯與政治〉，陳郁芬，台大碩士論文。

7. 〈兩漢儒學研究〉，夏長樸，台大碩士論文。

8. 〈東漢士風及其轉變〉，張蓓蓓，台大碩士論文。

八、期刊論文

1. 〈論古「讖」「緯」「圖」「候」「符」「書」「錄」的稱謂〉，陳槃，《學術季刊》第三卷 3 期。

2. 〈讖緯溯原〉，陳槃，《史語所集刊》第十一本。

3. 〈讖緯釋名〉，陳槃，《史語所集刊》第十一本。

4. 〈讖緯書命名及其相關之諸問題〉，陳槃，《史語所集刊》第廿一本。

5. 〈東漢黨錮人物的分析〉，金發根，《史語所集刊》第卅四本。

6. 〈漢代知識份子的特質〉，勞榦，《民主評論》第四卷 17 期。

7. 〈秦漢的儒〉，沈剛伯，《大陸雜誌》第卅八卷 9 期。

8. 〈兩漢儒學的發展〉，韓道誠，《孔孟學報》第七卷 5 期。

9. 〈兩漢博士之考述〉，侯紹文，《民主評論》第十二卷 10 期。

10. 〈中國智識份子〉，錢穆，《民主評論》第二卷 21、22 期。

11. 〈東漢的人倫賞鑑之風〉，禚夢庵，《人生》第廿四卷 12 期。

12. 〈西漢節義傳〉，饒宗頤，《新亞學報》第 1 期。